見えるかたち

適応型再利用／大学空間／かたちと構成

市原 出

序　見えるかたちをつくること

一　本書の意図するもの

本書は、大学空間がいかにあるかという問いに対する一つの答えを、二つのメディアによって表現することを意図している。具体的には、東京工芸大学厚木キャンパスの空間をかたちづくる二〇年余りの実践と、それによって具体化された成果をまず写真で表す。そして、その過程における、あるいはその背後にある思索を、文章で記述することで、より一般的な問題へと展開しようという試みである。

大学空間は多くの場合長い年月をかけて形成される。その非常に緩やかな変化は、それ自体はあまり感じられないかもしれない。しかし、長期にわたる営為によってもたらされた空間は、ある雰囲気（アトモスフェア注1）を持っている。その雰囲気はどのように生まれるのであろうか。まず、かたちと空間そのもの、その継時的変化と現在のあり方を把捉する。そのために、建築における時間を直接的に扱う適応型再利用注2と、歴史的な、すなわち時間の問題としての大学空間の形式を取り上げる。そして、そこで用いられた設計手法を具体的に示すことで、かたちの生成過程と今あるかたちに対する理解を深めたい。

二　適応型再利用／大学空間／かたちと構成

長い時間をかけて形成される大学空間は、それぞれの時代の要請に応えなければならない。その時代の要請には、学問自体の変化から大学と社会の関係にいたるまで様々なものがある。今日的には環境に対する配慮が大きな課題になっている。建設行為は膨大な二酸化炭素を排出している。そのことも踏まえ、ここでは、なんでもない建物を最適に再利用することが一つの指針となった。歴史的価値や文化的価値とは無縁の普通の建物。多くは近代的な特徴をもつ建物であり、なんでもない建物である。しかしそれでも時間を経ている。雰囲気のある大学空間が時間をかけてつくられるものであるなら、かたちの変化が少ない方法は有効かもしれない。なんでもない建物を適応型再利用することがテーマの一つとされた。

大学の空間は、マスタープランに従いつつ[注3]、そうした時代に即した要請に対して、その都度、最善手を打つことが求められる。これは大学空間に限ったことではなく、まちづくりや単体の建築でも同じであろう。今あるものに敬意を払いつつ、かたちを加え、あるいはかたちを変えることで、これからあるものに向かう。だから、理想形を示したはずのマスタープランは、達成の可能性を必ずしも保証されてはいない。というよりも、変化を加えた各段階がそれぞれ一旦最終形にならざるを得ない。そのような時間との対応関係が可能な方法が求められ、模索され、いくつかの形式が生まれた。大学空間の形式として、そのことを示す。

本書のタイトルの『見えるかたち[注4]』は、上記二つの考え方をもとにしている。時を経て、日常に溶け込んで、風景となるような建築が模索された。建築を見えるものとして捉えたいということは、建築が風景に溶け込むことに、あるいは風景そのものになることのように思われる。元からある風景とあまり異ならないことに意味を見ている。

そして、それを具体化する方法。建築のかたちは言語とよく似た構造をもっている。言語は要素としての単語が意味をもち、かつそれが文法、すなわちルールに従って配置されることでより複雑な意味をになう。同じように建築も部分と全体とからなり、部分と全体とはルールに従って関係づけられる。そのような建築のかたちは要素と構成の問題として理解することができる。そして、建築のかたちはそれをつくった文化のなかで、あるいはその範囲を超えて意味を伝える。香山壽夫はそのことを「かたちことば[注5]」と表現した。ただし、言語のように明示的に意味を伝えるわけではない。そこには意味の曖昧さが含まれている。大きな屋根は、それが内包する家のあり方を示唆している。しかし明確な意味を伝えるのではない。伝わるのは雰囲気であろう。

本書はそのように雰囲気として感じられる建築、見えるかたちとしての建築の記録である。

三　本書の構成

ここでは一〇の作品を取り上げる。新築は三作品[注6]のみで、増築＋改修と減築＋改修がそれぞれ一作品。その他の五作品は改修である。それらを歩いて見て回る。写真は概ねそのように構成されている。そのルートは三つ設定されており、それを章としてまとめ、その扉におおまかなルートを記した。しかし歩き方は自由であり、写真のまとまりと章末のテキストとは一対一に対応しているわけではない。

作品集であり、写真集であり、学術書であるという、ある意味中途半端な形式をとることとした。判型をA5縦、テキストを縦組みとし、写真とテキストを等価に扱うこととした。注の参考文献は和書と邦訳のあるものだけにして、訳書の場合は原著の出版年を括弧書きで記した。

注1：ペーター・ツムトア、鈴木仁子訳『空気感《アトモスフェア》』（みすず書房、二〇一五（二〇〇六））における空気感（アトモスフェア）。リッチモンドのブロード・ストリート駅の写真(同書p.8)に備わった、「ある建物の中に足を踏み入れ、そこの空気を目にし、同時にその場の空気《アトモスフェア》を感じ取る。しかもほんの一瞬のうちに、そこがどのようなところなのか、感知する」（同書p.11）ような雰囲気。

注2：adaptive reuseの訳語。最適再利用と訳されることがあったが、適応型再利用で定着しつつある。

注3：超長期計画としてのマスタープランを持つ大学は日本には少ないと思われる。たとえば東京大学では二〇一〇年に「キャンパス計画要綱」が施行されたが、そこに示されたものはデザインコードである。

注4：古代のインド＝ヨーロッパ語に広く見られる、中動態を意識してはいる。しかし、その厳密な適用は意図していない（その能力は筆者にない）。森田亜紀は『芸術の中動態　受容／制作の基層』（萌書房、二〇一三）の序章で、「見る」「見える」「見せられる」と並べ、「見える」のニュアンスを説明している。その際、能動的－受動的というある事態・状態に関与する項の問題ではなく、作為的－自然的という動詞によって表される事態・状態の成立の仕方に視点を置いている。ここでは、「自然発生的なニュアンスの中動態」（同書p.18）としての「見える」とした。

注5：香山壽夫が数年来日本建築学会のシンポジウムなどで発信している考え方。様々に文章化もされており、以下に詳しい。香山壽夫『建築を愛する人の十三章』（左右社、二〇二一）pp.219-243、第十三章「建築は語りかける」。市原出、岩城和哉、元岡展久、萩野紀一郎、香山壽夫［論考］『建築／かたちことば』（鹿島出版会、二〇二二）pp.10-17、「論考　建築／かたちことばについて」。

注6：旧二号館解体後のランドスケープデザインを含む。

目次

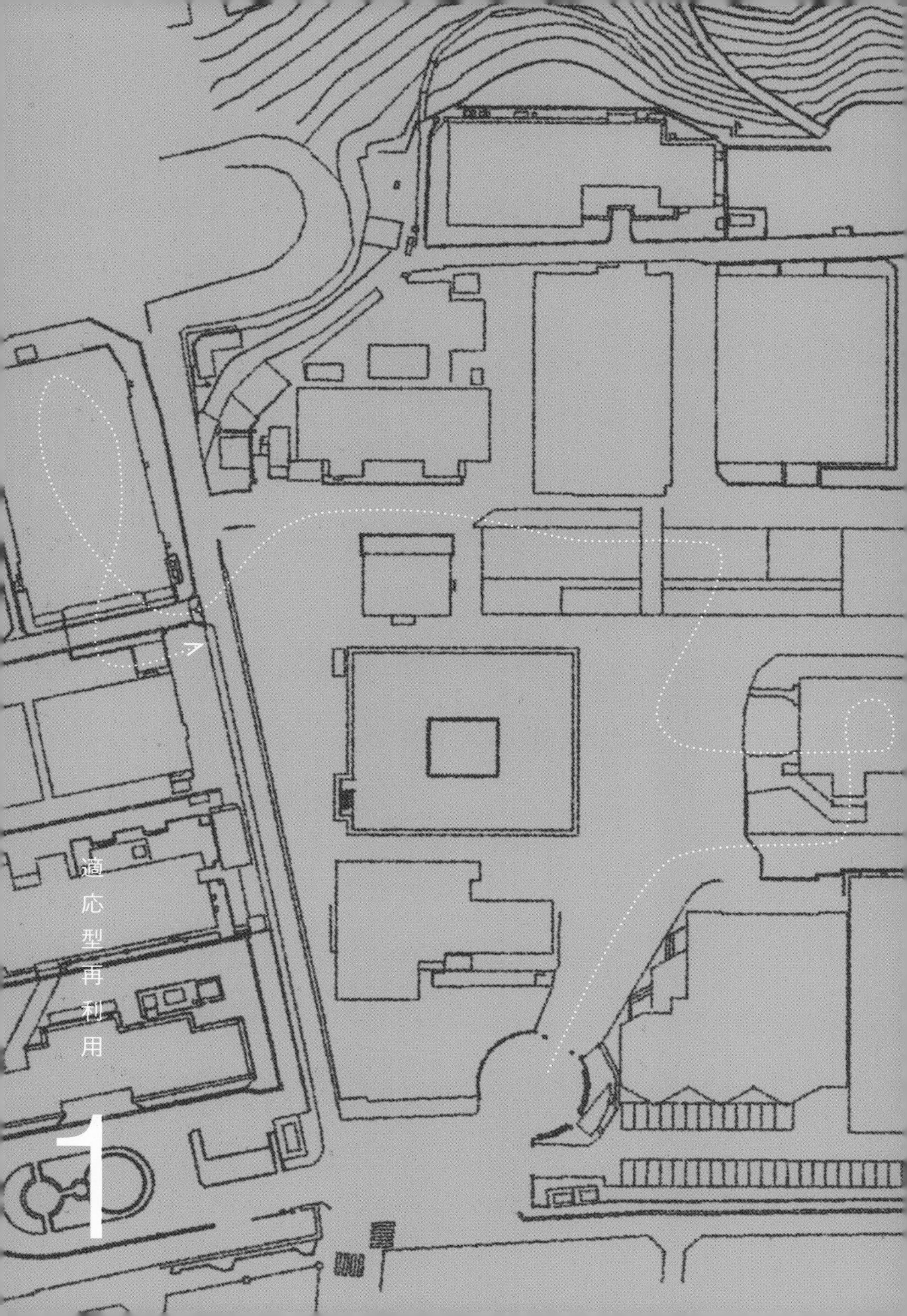

1 適応型再利用

学生会館

6号館
7・8・9号館
14号館・体育館
グラウンド
クラブハウス

内部空間と外部空間とが連続する近代建築に典型的な空間のあり方、
その設計当初の意図を回復すること

RC純ラーメン構造を可視化する赤錆鉄板、
気持ちよくひび割れた膨張コンクリートと、見えることを想定していない下地が透ける塩ビ波板

かつてのボイラー室の煙突、かたちの異なる巨大なアンコウ、スリット窓の新旧アルミサッシ、
玉物の低木、それらによる不思議な風景

モール

厚木市道の東側は磁北を基準に、西側は真北を基準に建物が配置されている。
西側の秩序に合わせたケヤキが約6度の傾きで並ぶことで、二つの空間を結びつけようという試み

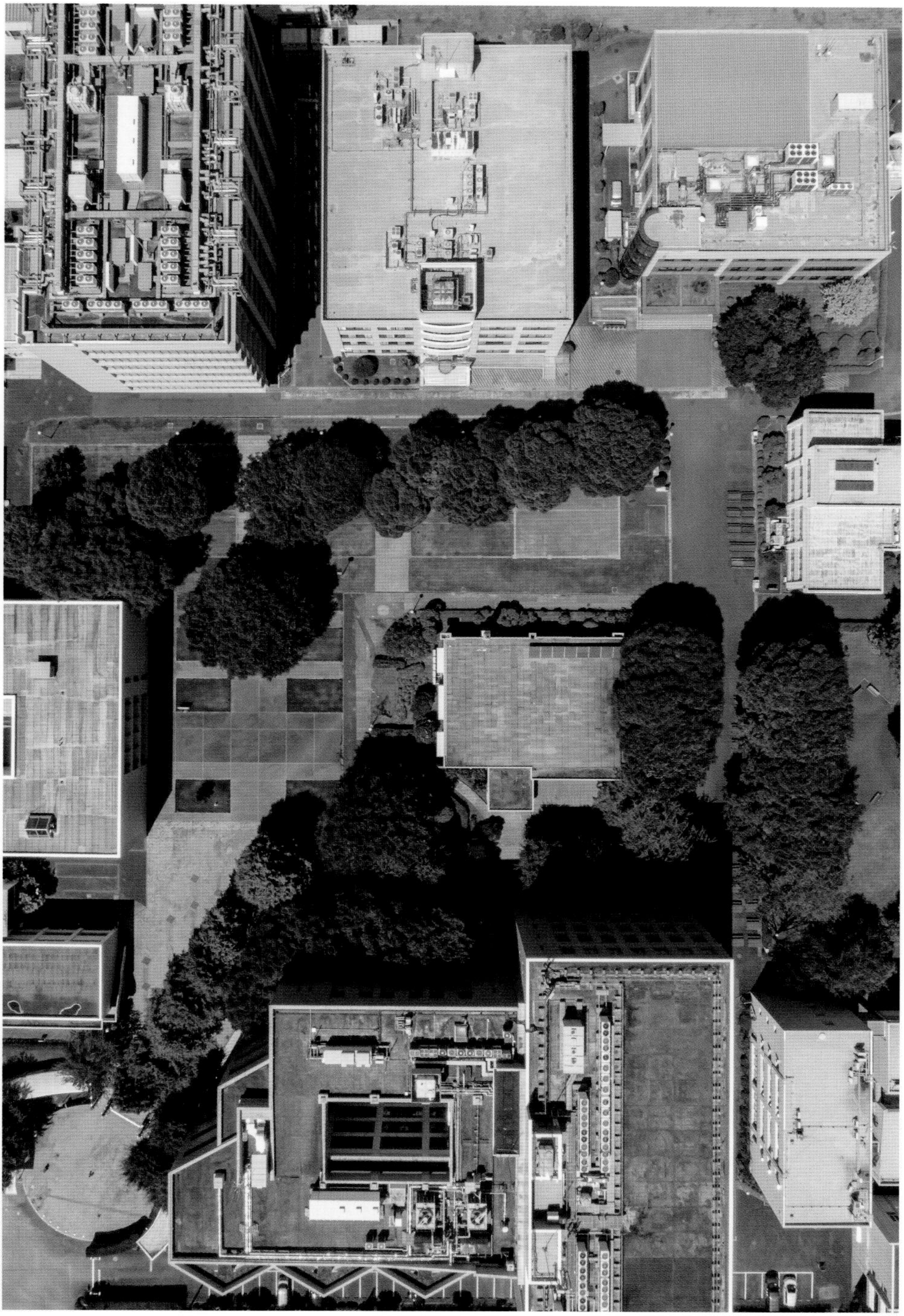

解体された旧2号館の基礎と地中梁を残すことで記憶を留め、モールのデザインの基調とする

らせん状に廻すカリキュラムの構成を写しとるスパイラル状の空間　ORANGE

F
D

旧体育館はそのままにボトルシップ工法で内部に新たな建物を増築、
その建物の屋上は始めから内部

Human Produ
D

消火栓

新旧建物の屋根と屋根の間、二重の外壁の間から漏れる光が、
かつてのバスケットボールゴールの鉄骨を照らす

Lab 3

消火器

なんでもない建物を適応型再利用すること

一．なんでもない建物を残し再利用すること

人口減少社会、二〇一八年には全国の空き家率は一三・六パーセント、その数は八四八・九万戸に達した注1。住宅だけではなく、統廃合された小中学校、地方都市中心部の中核商業施設など、床はたくさん余っている。たとえば東京世田谷区には六〇五の公共施設があり、総延床面積は約一二〇万平方メートルにのぼる注2。区の人口は九〇万人強注3であるから、一つの公共施設（平均延床面積約二〇〇〇平方メートル）を約一五〇〇人で維持、管理しなければならない。施設の種類は区役所や区民会館のような大規模なものから、小中学校、おそらく防災倉庫のようなものまで様々だと思われるが、四〇年、五〇年という周期で建て替え続けることはおよそ不可能であろう。既存建物を長寿命化して再利用することが現実的である。

高度経済成長期には、不要になった建物は解体して建て替えることが普通であったかもしれない。そして建築物の保存、再生は、その建築物が歴史的、文化的価値と結びついた場合にのみ検討された。しかし、昨今の状況下、普通のなんでもない建物を適応型再利用注4することが不可避になってきている。現行の新耐震基準が施行されてから四〇年以上が経過した。現にあること自体に価値を認めること、あるいはあらためてそれに価値を見出すことに意義がある。

二．埋もれた形態要素を発掘し可視化すること

古い建物にも設計者がいる。とくに公共建築は、それぞれこうあるべしと思索を巡らせた結果に違いない。ただ、そうした設計意図は時間の経過とともに忘れられ、後から付加されたり変更されたりした要素によって見えにくくなっている場合が多い。設備の更新やバリアフリーといった利便性とも関

係している。しかし、当初の設計図書を見れば、なにを大切にしたのか、何故このかたちをしているのか、それを読み取ることができる。

それは既存建物の弁別的特徴である形態要素注5を発掘する作業である。そして、もしそれらが見出せるのであれば、大きな手掛かりになる。極論すれば、元に戻すことで建物の生気を回復することも可能だと思われる。現実には、あらたな機能や性能が求められ、その結果、新たなかたちとして再生されるであろう。その際、元のかたちはどのように捉えられるであろうか。

ここでの試みは、元のかたちを物理的なコンテクストとして捉えることであった。新たに建築する場合、敷地に傾斜があれば、まず土地を平にしてから建てるのではなく、その傾斜を生かして設計をするであろう。あるいは大きな木がある場合、まずその木を伐採することから始めるのではなく、その木を残して設計をするであろう。そうした物理的コンテクストはその土地、その場所の歴史であり文化であり風土である。それをまずゼロに戻すことは多くの場合ない。既存建物も同じである。すでにそこに建っているのであるから、そのこと自体を尊重する。すなわち、土地の傾斜や大きな木と同じように、それをその場所の物理的コンテクストとして捉えればよい。

具体的な設計手法やかたちの側面からの検討は実践を通して進めて行かざるを得ない。そのことを示すために、三つの作品を取り上げる注6。

〈ORANGE〉体育館の適応型再利用としてのヒューマンプロダクトコース棟[注7]

一．体育館の適応型再利用としての　ヒューマンプロダクトコース棟

一九八七年一二月に女子短期大学部体育館として建てられ、その閉学にともない用途を失った建物の適応型再利用計画。入学定員を引き継いだ芸術学部の再編により、デザイン学科ヒューマンプロダクトコースの工房、教室、研究室を新設することとなった。金属加工、木材加工、アッセンブル等、それぞれ相当の騒音を発する機能を、周囲が住宅地という環境でどのように成立させるかが問題となった。そのなかで、既存施設の適応型再利用と工房機能の充足のため、体育館の中に別の建物をつくる提案を行った。

二．なんでもない建物を残し、再利用すること

どこにでもある、陳腐な体育館である。ストックの有効利用が求められる今日、歴史的、文化的価値と一緒に考えられる傾向のある建物の保存、再生について、普通のなんでもないものを対象とすることが不可避になっている。現にあること自体に価値を認め、それを物理的コンテクストとして捉える考え方は既に多くの成果を生んでいる。しかし、具体的な設計手法や形態の側面からの検討は実践を通して進めて行かざるを得ないと思われる。

三．外部を保存、構造を分離して内部に入れ子状の増築

その具体的なデザインについて、体育館そのものを保存することとした。床は内部の増築工事のために更新したが、外壁、屋根については変更していない。遮音性能を上げるためにサッシを二重にし、天井と壁に吸音材を貼った。構造は、体育館とは縁を切り、独立した杭と基礎の上にRC造の箱、S造の箱、S造のフレームを機能に応じて新設した。結果として入れ子状の空間ができ、アリーナは外側の体育館の内部でありながら、内側に挿入された箱の外部となり、また内側の箱の屋上は体育館に覆われた内部として体験される。RCの箱と遮音性能を上げた体育館の入れ子構造により、複数の作業が重なると一一〇デシベルになる音を住宅地の夜間規制値四〇デシベルに適合させている。

四．カリキュラム＝空間構成＝スパイラル

コースのカリキュラムは講義、制作、プレゼンテーションをスパイラル状に廻す構成をとっており、それをそのまま空間構成に反映した。それらの機能に対応して、研究室、各スタジオ、デッキ、アリーナと連続する空間が、RCの箱の中の各ワークスの上から反時計回りに旋回する。上記のとおり、箱の屋上では入れ子を直に体験するが、内側の箱の内部でも、二重になった壁の存在が、二重になった開口によって明示される。

〈CUBE〉適応型再利用としての学生会館 注8

一・適応型再利用としての新学生会館

一九七三年二月に図書館として建てられ、学生数、書籍数増による増床要求にともない四年後に二階増築（一九七七年九月）、その後大学事務局（一九八四年四月）、学生食堂（一九九四年四月）、学生会館（二〇〇四年四月）と用途遍歴してきた建物の適応型再利用計画である。耐震診断を行った結果、S造の二階部分が不適格と判断され、二階をのせたままでも構造上問題のない一階のみを引き続き学生会館として利用してきた。学生サービス向上のため建て替えの議論があるなか、二階部分を減築し平屋に戻すことで、厚木キャンパス開設当時からある唯一の建物を残すという提案を行った。

二・なんでもない建物を残し、再利用すること

その際当初の設計図書を確認し、とくにその外部デザインが当時のものとして「悪くない」という判断をした。ストックの有効利用が求められる今日、歴史的価値と一緒に考えられる傾向のある建物の保存、再利用について、普通のなんでもないものをその対象としていくことがますます重要になると考えている。この作品の場合、総コストはすべて解体し新築する場合に比べて六割弱に抑えられている。経済的にメリットがあれば、クライアントの了解は得やすく、建て替えた方が得だという「常識」は再考できると信じている。

三・外部は修復、内部は一新

具体的なデザインについては、「悪くない」外部については修復することとした。外装材は当初と同じものを使い、入口ドア以外は既存サッシをクリーニングし、パネルや換気扇になっていたところをガラスに戻すことで、内部と外部の連続性を回復した。内部については、RC純ラーメン構造の特性を生かして間仕切り壁、雑壁をすべて除去し一室空間とした。

四・鉄とコンクリートと塩ビ板

トイレを含め一切の要素を既存の柱、外壁と絡めないほぼ純粋な一室空間とすること。形の操作は行わず、素材で表現することとした。具体的素材は、床：膨張コンクリート、柱：赤錆鉄板一．六t巻き、天井：塩ビ波板S波貼り。

ホール側を金属パネル、反対側をボード＋塗装としたS字変形の一枚板をうねらせ、トイレを囲い、その固まりをコーナーに配することで女子トイレ部分を閉じた。一一学科一三コース毎の活動状況をPRする展示パネルをZ字に曲げたボンデ鋼板で作成し、空間構成要素、ないし、それ自体オブジェとして扱った。

東京工芸大学五号館　適応型再利用としての建築学科棟 注9

一・適応型再利用としての建築学科棟

一九七四年二月に建てられ、老朽化の進んだ建築学科棟の適応型再利用計画である。二〇〇九年に、図書館として建てられ、増築された二階部分を減築することで学生会館として再生した〈CUBE〉を、二〇一〇年に、体育館内部に入れ子状に建物を挿入し工房として適応型再利用した〈ORANGE〉を報告した。今回は用途も床もそのままに、もともと建物に備わっていたかたちと空間の特質を可視化することで再生する提案を行った。

二・なんでもない建物を残し、再利用すること

一見どこにでもある普通の建物である。ストックの有効利用が喫緊の今日、歴史的、文化的価値を保存・再生の条件とする考え方をやめて、普通のなんでもないものを活用する方法を検討してきた。その過程で、普通の建物も当然それぞれの設計者の意図があり、年月を経てそれらが埋もれているに過ぎない場合が少なくないことが分かってきた。この五号館は、そうした発掘すべき特質をもつと言える。

三・埋もれた形態要素を発掘し可視化すること

既にある特徴的形態要素と空間構成を回復し、際だたせることがテーマとなった。具体的には以下の要素を抽出し、埋もれた要因を特定し、解決した。耐震補強を含む種々の壁のため自立性を失った列柱に、未研磨ステンレス板を巻き、柱列であることを確認した。雑とした天井で曖昧になっていたホールとラウンジの立体的空間構成を、塩ビ板の光天井による一体化で明示した。また、外部との連続を意図した黒色の方立で失われた内部性について、方立をシルバーに塗り外部との連続を中断することで強化した。一室空間として構想された製図室は、後付の照明器具・ファン・配管配線等によって天井不在となっており、それらをパンチングメタルの平面で覆い、壁かどうか不明のパーティションを完全自立型とすることによって一室に復旧した。連続空間であったラウンジと製図室は中途半端な展示壁のため歪められており、ガラスの「文字通りの」透明性によって連続する空間に再構築した。

四・意図と表現

これらの変更は本質的に「表層」の問題である。そのため、図面上では変化を確認できない。アクソメによってかろうじて判別可能になるように思う。アクソメは一九七〇年代に多用された表現方法である。「表層」の問題として扱うことで、読み取った設計意図を具体化する作業を行った。そしてそのことで、設計当時の表現に回帰したことは、こうした作業に設計意図とその表現に関わる問題が内在するとも言えよう。

ない。

三. それぞれの設計手法とアップサイクル

既存体育館を外皮として、内部に別の建物を増築すること。二階を減築して、既存不適格建築物を適法化しつつ、既にそこにある近代的空間の特質を強化すること。これらの二例は与条件が強く明確で、大きな判断をしてしまえば、コンセプトワークにはむしろ迷いがない。「なにを」が明確であれば、あとは「いかに」である。それに比して五号館の適応型再利用は手掛かりの模索が大切であり、そしてやっかいであった。この建築のもともとの際立った特徴、すなわち形態要素を抽出する作業。それは建築形態論[注10]を学んだものには既知のことであった。が、評価の定まった建築作品とは異なり、その弁別性は弱いのであろう。それでもそれを把捉することができれば、その空間や形態の特性を回復すること、そしてさらに展開することに困難は少ない。

歴史的建築物を再生利用する場合、オーセンティシティ(真正であること、本物であること)、インテグリティ(誠実さ、完全性)が問題になる。オーセンティシティは様式や作家性を重視し、それに忠実であることが求められる。なんでもない建物の場合はそもそも歴史性や作家性が希薄であるから[注11]問題になりにくい。一方、インテグリティは既にあるものに、誠実に、敬意を払い、改修後の作品が全体性を持つことを求める。これはなんでもない建物の適応型再利用において、とくに注視すべき概念である。そして一人の建築家の作品ではなく、改築、改修されるたびに、複数の建築家がかかわった作品としての複合性をもつ。そこに矛盾があってよいかどうかはその先の問題であろう。

ロバート・ヴェンチューリは、建築(形態)はそもそも複雑なもので矛盾している、と書いた[注12]。建築はもともと矛盾する(してよい)ものであるならば、その複合性を積極的に受け入れ、その上でのインテグリティを希求すれば良い。たとえば、建築を再利用する際、偶然あらわれた要素がデザインに介入してくる。改修工事においては設計図書どおりに工事が進むことはむしろ少ない。部分的に解体してみれば、そこには想定外の状況が待ち受けている。文字どおり、開けてみなければ分からない。思い描いた全体性に亀裂が入る。そして、その要素を組み込むことで、さらに良いものになる可能性を秘めている。

アンリ・フォションは葛飾北斎について、「この藝術家は、感謝とともに偶然の賜物を受け取り、それを敬意をもって目につくようにする。偶然は、神によってもたらされたものであり、手が起こした偶然もそうである。彼はその偶然から新たな夢想を引き出そうと、すばやくそれを手中にする」と書いている[注13]。そして、描き終えた下絵を横切る虫の足跡をも制作に取りこむ様を手品師（prestidigitateur）と評した。そして、金継ぎを例にとり、壊れた焼き物の割れ目を隠すどころか、あえて目立たせることで新たな全体性と命を与える、そうした文化をもつ国の人であることを記している[注14]。それは、修復されたものがそれ以前より良いものになることを意味しており、字義どおりにアップサイクルと言える。しかもそれは、前にあったかたちを継承してもいる。同様に、建物の適応型再利用は単なるリサイクルではない。より良い状態を生み出しつつ、建築や風景を、そして記憶を継承することは矛盾しない。

注1：総務省統計局『平成三〇年住宅・土地統計調査結果』による。

注2：世田谷区施設営繕担当部『リノベーション勉強のまとめ』、二〇一四・〇七）p.1。

注3：世田谷区の区内全域人口（二〇二二年八月一日発表）によれば九一七、一九五人。

注4：序の注2を参照。

注5：形態要素を含む建築形態論については、香山壽夫『建築形態の構造　ヘンリー・H・リチャードソンとアメリカ近代建築』（東京大学出版会、一九八八）を参照。

注6：日本建築学会大会建築デザイン発表会の梗概を本書の趣旨に即して改筆した。元の梗概は注7から9に示す。ここで、adaptive reuseの訳語は最適再利用から適応型再利用に変更した。

注7：市原出『〈ORANGE〉体育館の最適再利用としてのヒューマンプロダクトコース棟』（二〇一〇年度大会（北陸）建築デザイン発表会梗概集、二〇一〇・〇七）pp. 128-129を参照。

注8：市原出、『〈CUBE〉最適再利用としての学生会館』（二〇〇九年度大会（東北）建築デザイン発表会梗概集、二〇〇九・〇七）pp. 222-223 を参照。

注9：市原出、天野佑亮、伊藤敦範、『東京工芸大学5号館　最適再利用としての建築学科棟』、（二〇一一年度大会（関東）建築デザイン発表会梗概集、二〇一一・〇七）pp.144-145 を参照。

注10：建築形態論については注5の『建築形態の構造　ヘンリー・H・レチャードソンとアメリカ近代建築』を参照。

注11：様式性や作家性が乏しい建築のことをなんでもない建物と呼んでいる。

注12：ロバート・ヴェンチューリ、伊藤公文訳『建築の多様性と対立性』（鹿島出版会、一九八二（一九六六））。ヴェンチューリはアメリカの建築家、建築理論家（一九二五－二〇一八）。一九六二年に作品「母の家」、一九六六年に上記『建築の多様性と対立性』を発表し、実作、理論の両面でポスト・モダン・ムーブメントの中心人物の一人となった。純粋で排他的な近代建築を批判し、建築は複雑で矛盾するものであるということ、そしてそれを受容することから建築は始まるとする理論は、当時の建築界に衝撃を与え、その後の建築思潮に大きな影響を与えた。

注13：アンリ・フォション、阿部成樹訳『かたちの生命』（ちくま学芸文庫、二〇〇四（一九三四））p. 222。

注14：同上

2 大学空間

風工学研究センター

以後の基調となったモンドリアン・カラー

5号館

内外空間の視覚的連続を意図した黒い方立を銀色に塗って目に見えるようにする。
それによって内外空間の連続を抑制し、内部空間のまとまりをつくる試み

高度経済成長期に建てられた建物、その施工の粗さによる床の不陸が、光の揺らめきを生む

未研磨のステンレス板は光をぼんやり反射する、そしてぼんやり映し込む、
曖昧で明示されない中途半端さが好ましい

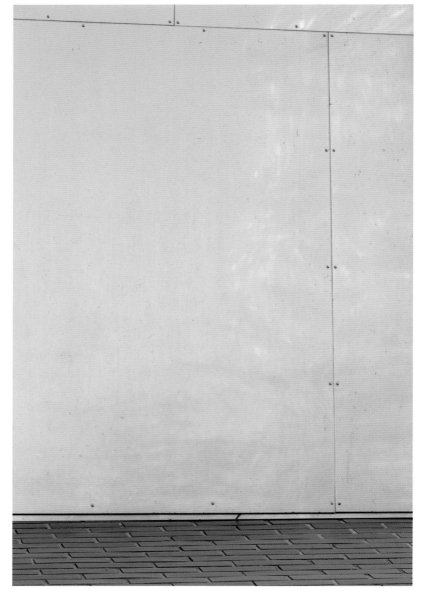

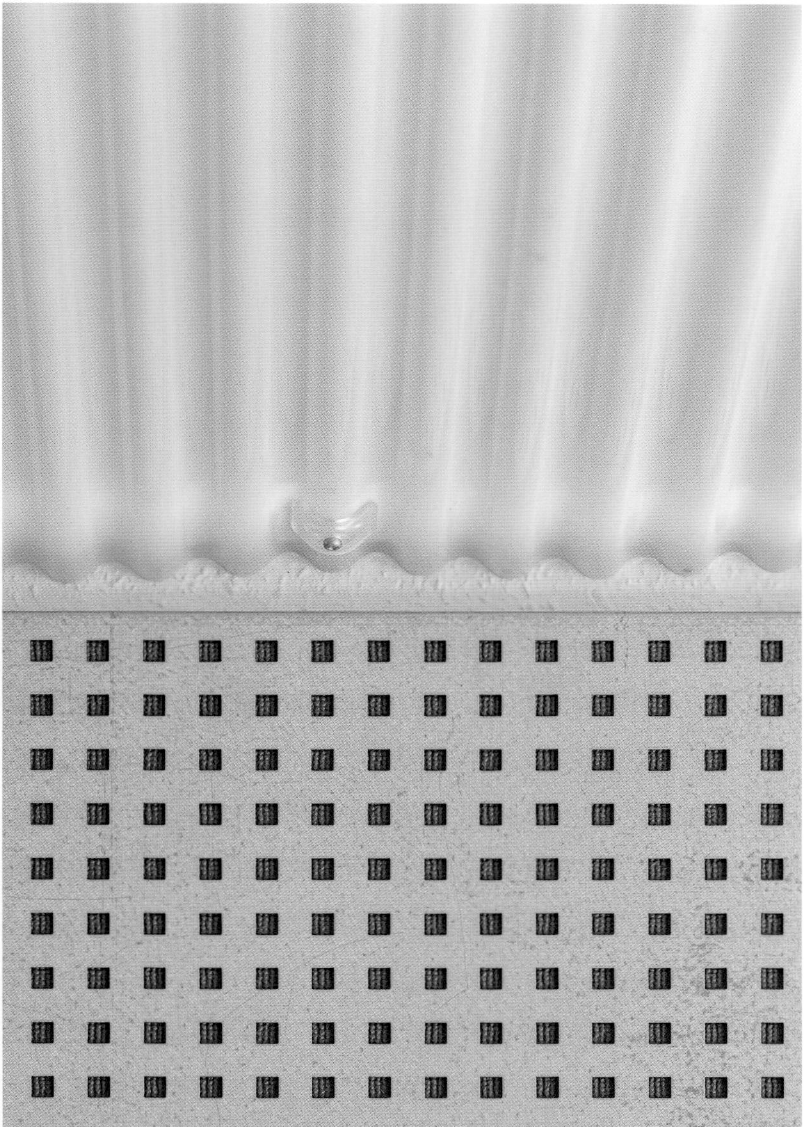

体育館

マリオ・ボッタのリヴァ・サン・ヴィターレの住宅のようなにぶい赤

光と風をきらう体育館は閉鎖的な建物である。それをあえて飯山の里山風景と結びつける。
単調なランニングを快適に

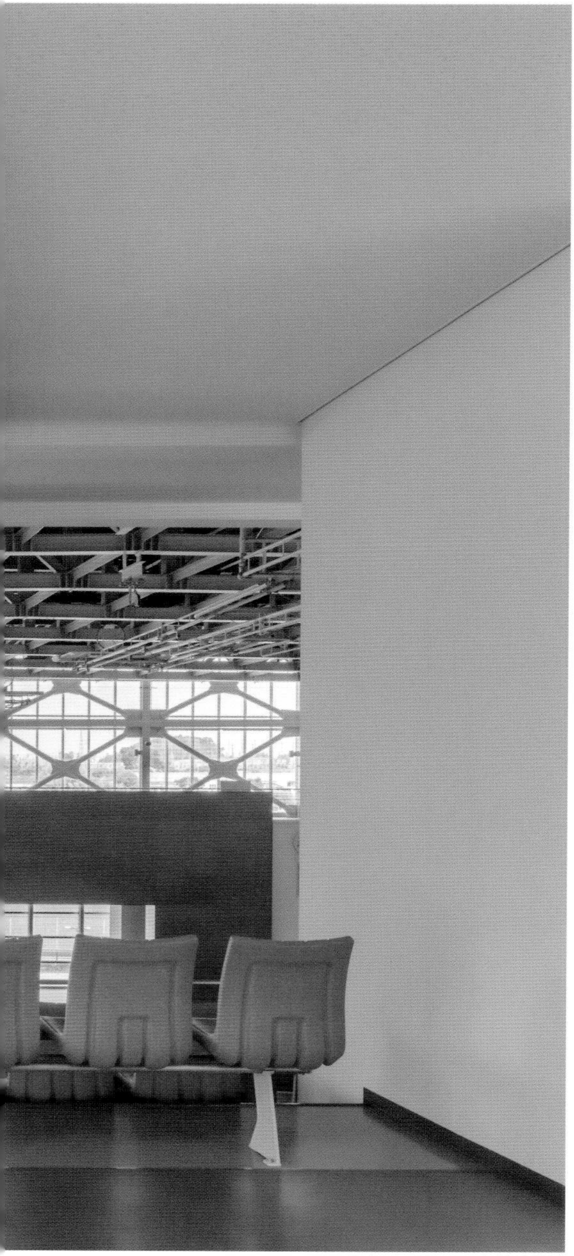

大学空間のあり方

図１プティ・ポン、パリ

一・大学空間の成り立ちと形式 注1

大学空間には形式がある。一二世紀にパリとボローニャで初めて大学が設立されたが、それ以前から、教え教えられ、共に学ぶ空間としてかたちづくられてきた。

それまで知の集積場所であった教会から、知が外に流れ出していく。一二世紀ルネサンスの始まりである。パリのノートルダムとサン・ジュリアン・ル・ポーヴルの中間、セーヌ川にかかるプティ・ポン図1の橋詰に教師が立ち、学徒が集まってくる。その青天井の辻説法状態から、やがて付近の建物内に教室ができ、学寮を中心とする大学へと展開する。そして、ヨーロッパ中から集まった人たちが話す言葉は共通語としてのラテン語であり、ラテン語が話される地区、すなわちカルチェ・ラタンが形成された。ソルボンヌもカルチェ・ラタンで最初期の学寮として始まっている。

他方、ボローニャでは街中に散らばった教室を結ぶためにポルティチ図2がつくられた。ポルティチはポルティコの複数形である。バーナード・ルドフスキーによれば、「一三世紀になると、学生数は一万人近くを数えるようになり、町の長老は市民に対して、歩行者のための連続的な屋根、つまりポルティコをすべての家に備えることを義務づけた注2」。各建物の前面にポルティコを設け、それが連なることで都市の回廊ができた。教室のネットワークの誕生である。そしてその後、大学の中心施設、たとえばアルキジンナジオが設けられた。いずれも街と一体となった、都市と不可分の大学空間のあり方をしている。

内部と外部の中間的な性格をもつポルティチは、今でもボローニャの街の最大の魅力であり、その空間は実に心地良い。回廊としての役割を担い続けつつ、ある場所ではレストランやカフェのテーブルが並び、より内部の性格

図2 ポルティチ、オラトリオ・ディ・サンタ・セシリア、ボローニャ

図3 クォードラングル、トリニティ・カレッジ、ケンブリッジ

を強めているケースもある。ヤン・ゲールの言う街と建物が出会うところ、エッジ[注3]のあり方として、実に柔らかくかつ多様でありながら、しかし見事に統一されている。そして、それがとにかく街中にある、というより、ないところがない。このことは今日の大学空間を考えるときにも重要である。なぜなら、大学の諸施設は機能上の要求として、おおむね閉鎖的であるから、いかに開くかは大学空間の魅力と密接に関わる大切な問題である。

大学は学問探究のために自由でなければならない。都市つまり社会と関わることはその意味で両義的であり、軋轢も生む。都市にとって大学は経済効果等をもたらすが、多くはよそ者の集まりであり、住民と対立することも多かった。であるから、大学にとって居心地が悪くなれば、あるいはより良い環境があれば、街を離れる判断がなされた。

オックスフォードやケンブリッジはそうした知の流動のなかで生まれた。そして、クォードラングル[図3]という独特のカレッジ空間を形成する。各施設が四角い中庭を囲うように配置される。ロの字型平面をしており、中庭の幾何学を乱す要素は外側に配された。そしてロの字の一辺を共有して新たなロの字がつくられる。生長する大学空間であり、その中庭が内部に廊下のない建物の交通空間になる。それが大学空間の中心である。そしてカレッジが集積することで大学都市が形成された。

アメリカでは、大学という制度や大学都市を形成したイギリスの大学のあり方を既知のものとしてスタートしている。そのため、既存都市に根をはるというより、最初から大学独自の空間をかたちづくる傾向がある。キャンパスの誕生であるが、その言葉自体は一八世紀に生まれた。プリンストン大学のナッソウ・ホールは広い前庭をもち、その周囲がフェンスで囲われた。そこはラテン語でカンポス（原っぱ）と呼ばれ、のちにキャンパスとなった。大学の領域を確定し大学空間の内部と外部とが切り分けられる。逆に今日ではキャンパスという言葉が大学空間のあり方を指し示すこととなった。

そして、一八一九年創立のヴァージニア大学。トマス・ジェファソンが設計した大学空間はモール型と呼ばれる。モール、すなわち細長い芝生の広場が真ん中にあって、それに沿って両側に建物が並び、軸の頂点に知の中心である図書館が建つ。モールも伸長することで規模の拡大に対応する。アメリカではこのモールとクォードラングルの複合によって大規模大学の空間的秩序が維持された。

二. 東京工芸大学厚木キャンパスの空間構成

それに対して、日本の大学空間は敷地内に直行する通路を設け、各施設がグリッド状に平行配置されるケースが少なくない[注4]。もともと広場のような外部空間を焦点として、建物を配置するという考え方が乏しかったことと関係があるかもしれない。敷地内通路に面して南を向く建物群、東京工芸大学厚木キャンパスも同様の構成をもっていた。しかし、この空間は中心のない均質空間である。それは人口と大学進学率の増加にともなって大学が徐々に拡大する時期においては、必要な大学空間を量的に受容するのに好都合であったかもしれない。

しかし、ここにはマスタープランの不在がある。完成形を措定してそれに近づくというのではなく、キャンパス計画は長期計画のないローリングプランに委ねられた。だから厚木キャンパスの空間は焦点の定まらない、個々の建物の集合でしかなかった。わずかに図書館前に四角い庭が設けられたが、これもイギリスのスクエアのように通路に囲われ、落ち着いた場所にはなり得ないかたちをしていた。これらのことが、居場所のない大学と言われる所以であった。

一九六〇年代後半から七〇年代前半に建てられた校舎は更新期を迎える。そのなかで、化学系の研究室を新しい校舎に集約することで、キャンパスの真ん中にある旧二号館の解体が決まった。東西に細長い三階建ての大きな建物である。この時、解体後の空き地をモールとして整備する提案を行った。旧二号館の基礎部分を残し、開学当初の建物の記憶をその場所に刻みつけることは、ケンブリッジのセント・ジョンズ・カレッジのチャペルに倣った。根こそぎ撤去する方が良いという考え方もあるが、ここでは「残すこと」でモールのデザインの基調とした。キャンパスの真ん中に東西に長いモールをつくり、多くの建物はそのモールに面して建つ。モール型キャンパスが、ようやくできた。ただ、東西に長いモールは日本のように温暖湿潤の気候、すなわち太陽の向きを重視する気候風土には必ずしもなじまない。モールの南側の建物の正面がもともと北側、つまりモール側にないことが多い。それを補う工夫、すなわち北側に正面を向ける方策がさらに必要である。ボローニャのポルティチに倣ってモールの周囲に回廊を巡らせ、建物をそれに接続する提案は、いまだに受け入れられていない。

三. これまであった建築と風景と見えるかたち

それは初めて手掛けた大規模なランドスケープ・デザインであり、すなわち文字どおりに風景をつくることであった。そして、「風景もまた建築である[注5]」から、風景のように「見えるかたち」をこの時初めて意識した。そして、それ以前に手掛けた作品も含め、ここにある作品群は「見える」ものとしてあるべきという考えでつくられていることを自覚した。中動態[注6]としての「見える」かたちは、すでにある場所や風景に溶け込み、それ自体が場所や風景となることが意図されている。
　これまでここにあった建物は近代建築風のなんでもない建物である。しかし、それでも時を経て、ある雰囲気をもっている。既述のとおり、ペーター・ツムトア[注7]が「アトモスフェア」と言って、本のタイトルでは「空気感《アトモスフェア》」と訳されているが、本文中では「雰囲気」とも「その場の空気」とも言いかえられている[注8]。そのアトモスフェアはいかに醸成されるのか。ツムトア自身の経験と思索から、あるいは感性から抽出された、感じるしかないそのことばはまさに感じることができる。そして感じられる「アトモスフェアをつくること」、それがここでの「つくること」であろう。
　歴史的な街並みには統一感がある。それはそれをつくる方法とつくる素材とが共通することに多くを負っている。その土地でとれる素材を使うしかなく、その素材に内在する建て方に従うしかない。建て方が同じであれば同じかたちになり、もともと素材が同じだからどの建物もいきおい同じようになる。統一感とは単純にそのようなものである。近代になり建築の工業化がテーマの一つになった。とくに日本では、様々な材料と様々な構法が生み出され、それぞれの建物が異なる素材と構法とでつくられるようになった。そのことが今日の雑然とした風景の一因でもある。ひるがえって、同じ素材でつくることの大切さが見えてくる。そして多様なつくり方を抑制するには、同じ人がデザインすることが有効であった。
　後追いに過ぎないが、ツムトアの『空気感《アトモスフェア》』に載せられた表情をもつ写真の空気感と、それを綴る文章とが心に滲みる。記された九つの関心のうちの二つ目が「素材の響き合い[注9]」であり、素材そのものについて、そして、本当に起こる素材同士の相互作用が記されている。同列に並べるべくもないが、ここでのつくり方において、できることが限られるなかで、素材と色はとても大切であった。そして、最終形の見えないローリングプランとしてのキャンパス計画は、つくることの連続で、それでも完成形に達することはない。ここで試みた素材と色を重視すること、それはアトモスフェアをつくりたいとしたときには悪くない方法かもしれない。

注1：この節の記述は、岩城和哉『知の空間 カルチェラタン・クォードラングル・キャンパス』（丸善、一九九八）に多くを負っている。詳細は同書を参照。
注2：バーナード・ルドフスキー、平良敬一他訳『人間のための街路』（鹿島出版会、一九七三（一九六九））p.78
注3：ヤン・ゲール、北原理雄訳『人間の街 公共空間のデザイン』（鹿島出版会、二〇一四（二〇一〇））pp.83-96。屋内と屋外のアクティビティが相互に影響し合うところで、そこを柔らかくデザインすることが生き生きとした街には欠かせないことを強調している。
注4：ロの字型や日の字型の平面形をもつ大学建築は日本にも古くからあるので、単に南面優位ということではないと思われる。
注5：故加藤邦男先生が、日本建築学会建築論・建築意匠小委員会の席上発言された。正確な表現は記録がない。
注6：序の注4を参照。
注7：スイスの建築家（一九四三―）。Peter Zumthor はピーター・ズントーと表記されることが多いが、母語であるドイツ語の発音に従えばペーター・ツムトアが近い。
注8：序の注1を参照。
注9：ペーター・ツムトア、鈴木仁子訳『空気感《アトモスフェア》』（みすず書房、二〇一五（二〇〇六））pp.21-27。

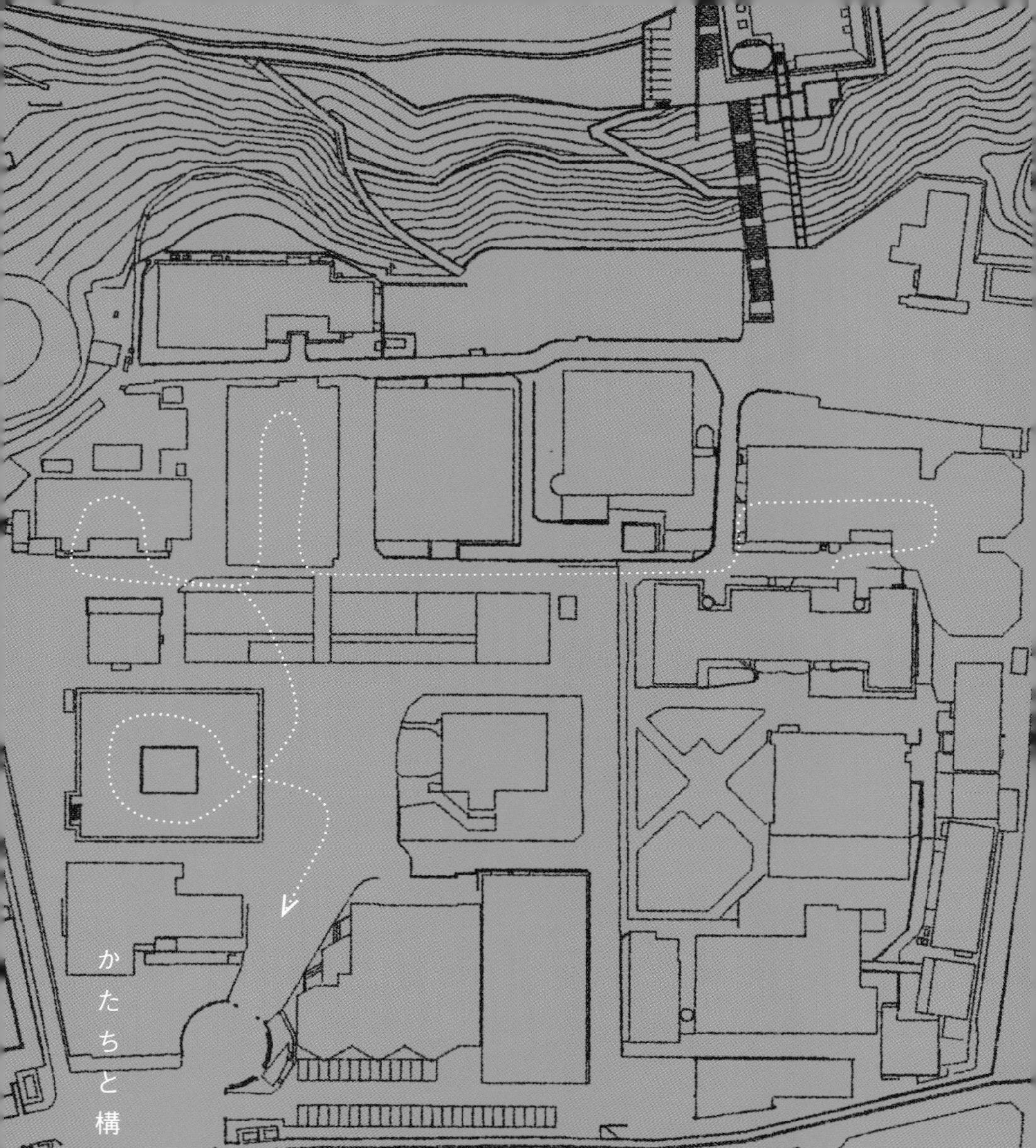

3 かたちと構成

7号館

白とシルバーのペンキの空間。差し込む光とそれを映すグレーの長尺塩ビシート

216
217

204
205

現れた猥雑なかたちを受容する

208

色温度 3000K の電球色と 5000K の昼白色、異なる光が並存する風景

自律する面による構成とその空間

建築の近代化は組積造からフレーム構造への移行のことである。それは構造体と表層の分離をもたらし、表層は自由になる。ここでは表層とそれを支える下地とを同等に扱うこと、それがテーマになった

makita

Sサカエ

個人のスペースには低い天井が似合う

化学実験道具の乱雑さに負けない赤

15号館

12号館

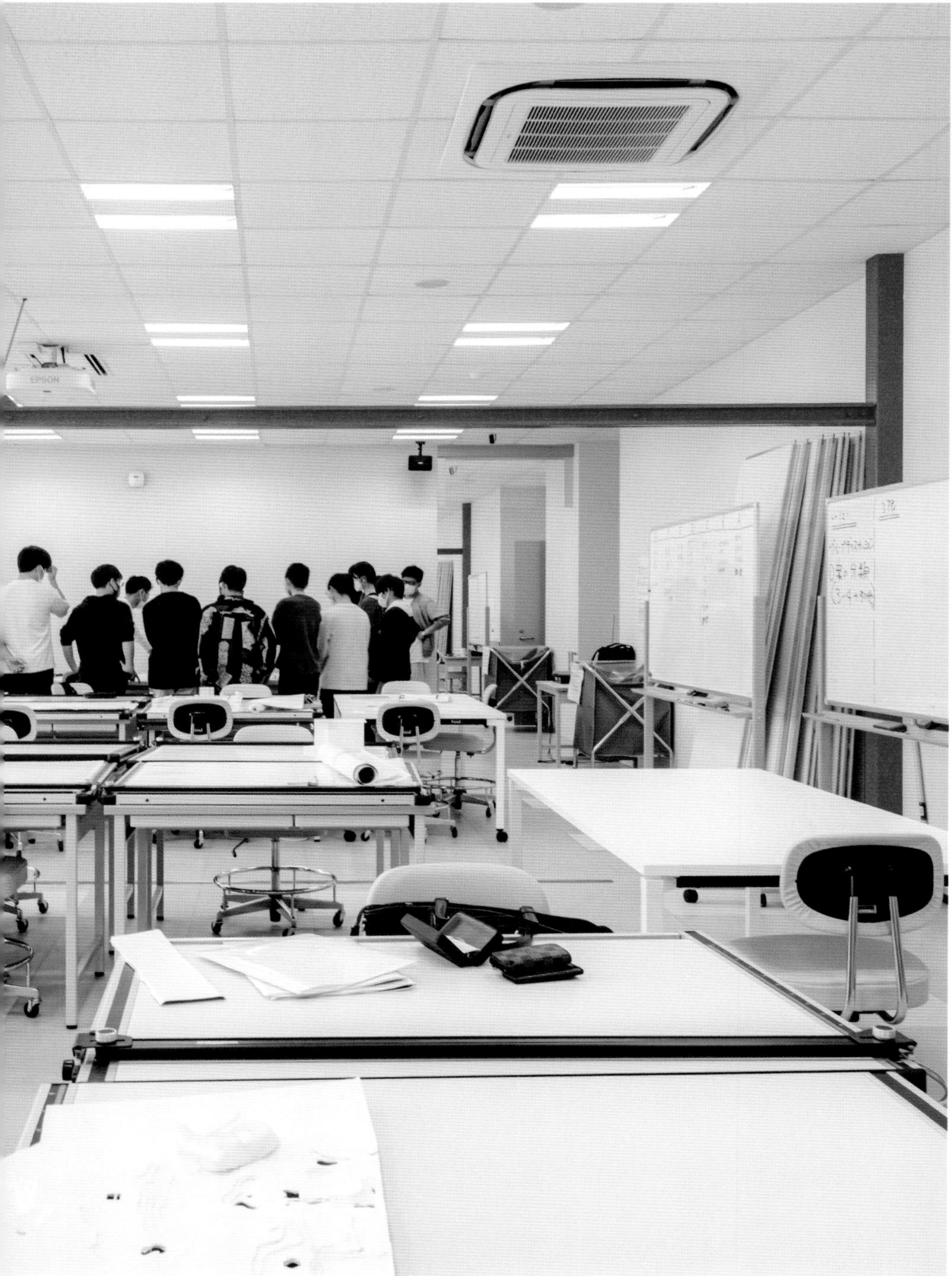
EPSON

IMAGINING PHILADELPHIA
BAUHAUS

BRUNELLESCHI
黒川紀章ノート
昭和住宅物語

2004

線で描かれたかたちとその構成

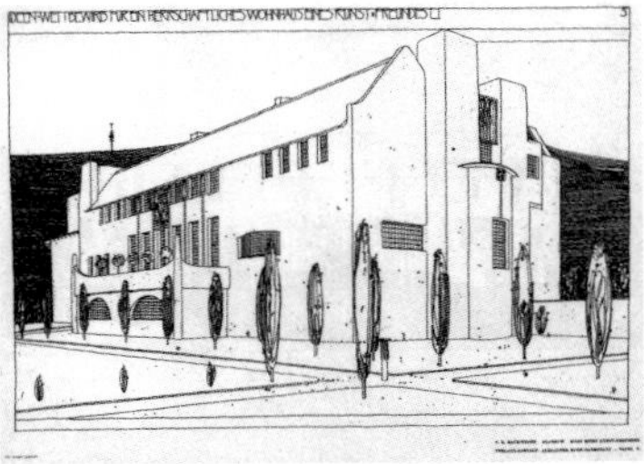

図1『芸術愛好家の家』（1901）

一．線による描写と構成

たとえば写実主義の絵画は対象をありのままに描く。その対象として見えているものは面、あるいは面で構成された立体である。面と面の境界である線は描かれない。そして陰影が、逆に光が、面で構成された対象をさらに現実に見せる。ルネサンス期におけるパースペクティブの発明以降、三次元の立体を二次元の平面に再現することが重視された。つまり、平面の芸術である絵画は立体に従属したものになる。

それに対して、一九世紀後半以降様々な模索があり動向があった。線あるいは輪郭を表現する後期印象派などが挙げられる。かたちを輪郭線で表現する方法は、一八六七年のパリ万国博覧会を契機とする日本の浮世絵の影響が指摘されている。この時期にヨーロッパの絵画は立体の騙し絵であることをやめた。そうすると同時に、絵画を成立させるものはなにかという問いが新たに生まれる。対象の立体から解放され、自律すること。つまり平面であることを認め、平面として完結する絵画とはいかに可能か。一つの答えは構成という考え方である。平面のなかで、かたちが要素としてあり、それらの要素が関係づけられることで、構成される。その構成そのもの、あるいは構成の方法がテーマになる。

二．マッキントッシュの透明性と積層性

ロンドンから遠く離れたグラスゴーはスコットランド最大の、綿工業や造船業などによって近代化が最も早く進んだ都市の一つである。学生時代にそのグラスゴーをあえて訪れた理由は、チャールズ・レニー・マッキントッシュ注1である。当時なぜかは分からず、しかし、なにかに惹かれていた注2。

マッキントッシュのパースや水彩画の特徴は立体感の消去、三次元空間の

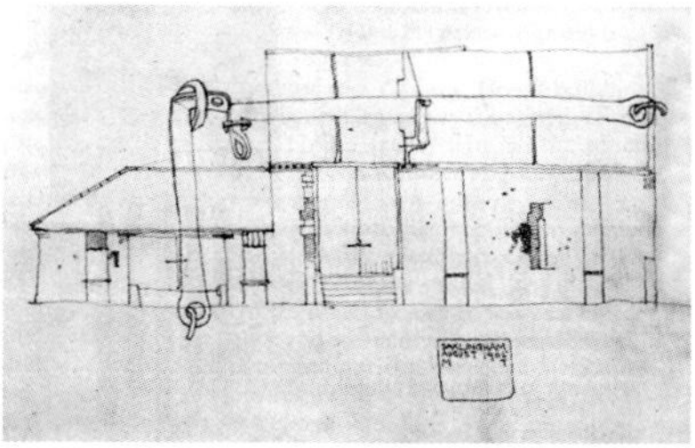

図2『Outhouses』(1905)

図3『Spurge』(1909)

二次元平面への還元である。マッキントッシュは線で世界を切り分ける。線でかたちを表現する図1。そして透明水彩を好んだ。その方法は、この表現をさらに強化する。

線によって描写されたドローイングは、結果として、自動的に、透明性を獲得する。かたちの輪郭が線で描かれることにより、その内側は透明になる。奥にあるものが透けて見えている。そして、重ね合わせることで積層性を獲得する。実際に彼のスケッチには、たとえば、グラスゴー近郊の農家の納屋と、その納屋の扉についている錠前のディテールが重ねて描かれている図2。スケールの異なる二つのものがそのスケールを度外視して、同じ画面に存在している。それらはどちらが前にあるのか後ろにあるのかわからない。というより、その前後関係自体が考慮されない。つくる者はつくることによって思考する。だとするとこの場合は、線によって思考しているとも言える。

水彩画においても、花の輪郭は隠線を消すことなく描かれ、対象物の前後関係、奥行きは表現されない図3。リアルであることをやめ、平面上で奥行きを消去して描かれた、重なり合う線はしかし美しい。そしてそのことは、当時の絵画の世界における平面内における構成の問題と符合する。

さらに、その積層性は空間への展開可能性を内在している。視点を無限遠に定める正投影法で描かれる建築ドローイング。一枚の平面に描かれた重なりあった層は、その平面の中で構成される。しかし、建築は立体である。一平面のなかで静的な均衡を与えられたそれぞれの層は、剥離する。奥行きを与えられて、立体として立ち上がる。その際、層の間に与えられる奥行きは、直行する次元を表した別の平面のなかで決められている。そして、その平面もやはり、均衡した構成をもっている。だから、構成された平面から立ち上がる立体は、複数の平面における均衡をもった構成が三次元に拡張されたも

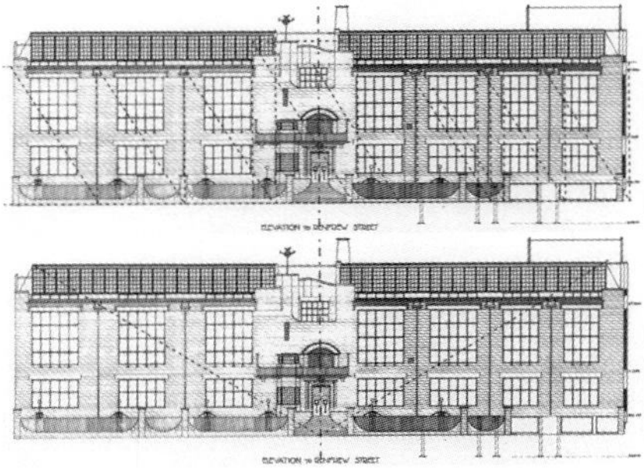

図４『グラスゴー美術学校における黄金比の適用』

のとなる。そして与えられる距離は空間を生む、というより空間そのものである。

三．比例ないし黄金比

近代建築は近代以前の過去を否定した。新たな社会にふさわしい、新しい建築が必要だと考えられた。しかし、ル・コルビュジエ、ミース・ファン・デル・ローエなど、多くの近代建築家は、古代ギリシア建築以来の比例関係に依拠している。コルビュジエはトラセ・レギュラトゥールやモデュロールといった比例関係に基づく方法を自ら実践し、発表した。ミースはなにも語らないが、佐野潤一が『ミース、オーダー、黄金比 ―ミース・ファン・デル・ローエの建築理念を辿る―注3』で詳述したように、そのかたちに黄金比が潜んでいることについては、多くの指摘がある注4。そしてそれぞれの比例には黄金比という共通項がある。

マッキントッシュも同様である。彼のドローイング、すなわち建築は、インテリアは、家具は、置き時計でさえも、そのかたちは黄金比と、それと不可分の関係にある正方形とが基調になっている。代表作であるグラスゴー美術学校は二期に分け、十数年の時間を費やして完成した。第一期の東立面が伝統的要素を多く含み、第二期の西立面が直線的で幾何学的な、つまりより近代的なかたちをしていることは周知である。その北側ファサード図4は東側が第一期、西側が第二期にあたるが、近代的な形をした三階の連続窓がのることで、統一感を得ている。初期の案ではそれぞれ三つのベイからなり、ほぼ左右対称であり、それぞれのベイがほぼ黄金比で構成された。しかし実現した第二期の西側は四ベイに変化し、全体の幅は変えようがないから、四つの黄金比がラップしているように見える。つまり、一期と二期のあり方は異なっている。しかし、全体が黄金比によって構成されること、それが時間を超えて維持されている。そのことに気がついた時、なにかに惹かれた、そのなにかを理解した。そしてそれに依拠することを学んだ。

四・見えるかたちをつくること

一方でマッキントッシュはスコットランド人であることをやめない。グラスゴーに生まれ育った建築家は、スコットランドの源泉から着想を引き出すことを当然だと考えた[注5]。だから、ヒルハウスもウィンディーヒルもグラスゴー美術学校でさえもスコットランドの建築に固有の形態要素が使われている。そして石材が豊富なので建築物の多くは石でつくられる。組積が露わなこともあれば、ラフキャストという小石や砂利が混ぜられた漆喰が塗られることもある。マッキントッシュの作品も同様の素材でできている。共通する形態要素をもち、共通する素材でつくられた建築は、新しいかたちでありながら、グラスゴーの街やその近郊の風景と穏やかに接続されている。言い換えると、風景に溶け込んでいる。グラスゴーでの体験は、見える建築の始まりであった。

先述のとおり、建築はかたちことばであり、意味を伝える[注6]。そして、意味が伝わるためには、共通のことばとしての建築のあり方が問われる。クリスチャン・ノルベルグ＝シュルツに従えば、建築(的)空間は実存的空間を具体化したものである[注7]。だから、その実存的空間、つまり、人が安定した心安らぐ場所として感じられる空間のあり方が変われば、建築空間のあり方も変化する。それ故、近代建築は新しいかたちを模索することが必要であった。しかし、過去のかたちを本当に否定することは難しい。アントニ・ガウディもオットー・ヴァーグナーもアルヴァ・アアルトも、もちろんルイス・カーンも、近代以前の、あるいは近代以外のかたちとどうしてもつながっている。私たちは、とくに都市部においては、近代的な環境のなかに生きている。つまり、そこにある今以前のかたちの多くは近代的なかたちである。一九六六年に開設された東京工芸大学厚木キャンパスに建つ建築は、すべて近代建築の方法でつくられている。だから、ここでもつながっているかたちは近代のかたちである。一方で、当初から里山の風景に囲まれそれと連続しており、その一部ともなっている。

制作方法としての比例を意識的に用いることは現代においては少ないであろう。しかし、ここでは黄金比矩形と正方形とが様々なシーンで用いられている。要素自体が黄金比矩形や正方形であることもあれば、それらの関係、すなわち構成にその比が適用されていることもある。それがかたちを整える方法であると同時に、複数の作品に用いられることによって得られる、かたちの連続性と統一感を生むことが企図されている。そして、それは、平面のなかで線によって思考する方法と結びついている。そのようにスタディするなかで、比は選択された。そして、平面内の積層性のもつ立体性を生みつつ、平面で完結することも多い改修においてはより直接的な手掛かりとなり得る。

そして素材。可能な限り素材のもつ力と雰囲気がそのまま表れるように扱い、それが可能な素材が選択された。単純に、どんなにチープな素材であろうと、真物を使うということである。さらに踏み込めば、既存の仕上げを剥がして、素地を、真物を露わにする。ガルバリウム鋼板、未研磨ステンレス板、塩化ビニールやポリカーボネートの波板、膨張コンクリートの直押え、既存スラブを磨いたポリッシュ・コンクリート、素地のセランガンバツなど。それらをそのまま見えるように使う。雰囲気をもちながら、そして厳しくコスト・コンシャスに。これらは近代的な素材であり、かつ日常的なありふれた素材である。それらの限られた素材を、継続的に繰り返し用いることで、素材の共通性が得られる。

さらには色。ペンキは少なくとも素地ではない。しかし、ペンキはペンキであって、何か他のものに見せるためのものではない。それ自体が表れるという意味では真物である。さらに限定された色を使い続けることで、ここでも見え方の継続性、共通性が目論まれた。

このようにして、つくるというより、そうなったというあり方が試みられた。

注1：イギリス、グラスゴーの建築家（一八六八―一九二八）。近代建築黎明期に活躍した。曲線的な装飾を用い、その傾向は広い意味でのアールヌーヴォーに含められる場合もある。ウィーンのセセッションと相互に影響関係にあった。

注2：本稿のマッキントッシュに関係する記述は、市原出『マッキントッシュのコンポジション』（東京大学大学院工学系研究科建築学専門課程　修士論文梗概集　一九八二年度、一九八三・〇三）pp.17-20に負うところが多い。

注3：佐野潤一『ミース、オーダー、黄金比　―ミース・ファン・デル・ローエの建築理念を辿る―』（マルゼンプラネット、二〇一五）。佐野はこの本をまとめる以前に、関連する内容を、日本建築学会の計画系論文集や大会発表梗概集などで、多数の論文を発表している。

注4：小野耕造、市原出『ミースの外部（1）　住宅作品における外部の諸形式とその形態的特徴』（日本建築学会大会（東北）学術講演梗概集F-2建築歴史・意匠、二〇〇〇・〇七）pp.501-502、他、同一著者の計八編他。

注5：フィリッポ・アリソン、横山正訳『マッキントッシュの家具』（エーディーエー・エディタ・トーキョー、一九七八（一九七六））p.5

注6：序の注5を参照。

注7：クリスチャン・ノルベルグ＝シュルツ、加藤邦男訳『実存・空間・建築』（鹿島出版会、一九七三（一九七一））を参照。訳者の加藤は実存的空間に対応するためか、建築空間を建築的空間としている。そのことを意識して、建築（的）空間と表記した。

東京工芸大学

キャンパス写真の星座

山村 健

本書は学術書、写真集、作品集の顔をもつ稀有な書物である。私は本書を手にしたとき、手が震えた。なぜならば、掲載されたページをめくっていくと多様な読み方ができると気づいたからだ。私も著者と同様に建築意匠を専門とする。そのなかでも作家論を研究領域としていることから、表現の奥底に潜んでいる作家の意図を探求し読解することが好きなのである。その性格もあり、本書に掲載された写真たちを眺めていくと、それらのつなぎ方が星座のように輝きをもち、多様な解釈が脳裏に浮き上がってくるのだ。本論考では、私なりの自由な読解を記させていただくことにした。

1 建築意匠と建築写真の不可分な関係

我が国における建築意匠の言葉の嚆矢を発見することは、残念ながら成しえていない。しかしながら、前川國男や丹下健三を輩出した岸田日出刀が建築意匠に関する「学問的な確立」を目指した建築家として位置づけられており注1、その岸田は『過去の構成』（構成社書房、一九二九）と『現代の構成』（構成社書房、一九三〇）と題した二冊を出版している。その序文で「過去を過去なるが故にかへりみないといふのはよくない。過去の日本の建築、それは古いものにはちがひないが、それらのうちの或者やまたその一部分に、「モダーン」の極致ともいふべきものを見出して今更に驚愕し、胸の高鳴る感激を覚えるのは決して私だけのことではないと思ふ」（自序より）と述べており、それが「建築に於ける日本的意匠の研究」への布石であることも、再版において明示されている。さらに、東京写真美術館の学芸員の藤村里美は、これが建築家の丹下健三、写真家の石元泰博、村井修へと影響を与えたことを指摘している注2。すなわち、岸田は、当時、建築を世界に伝えるメディアが図版から写真に置換されていく時代に、日本の古典建築を近代的なメディアとしての写真によって再構成することで、日本における建築意匠とモダニズムを接続しようと試みただけではなく、意匠は写真によって論ぜられることを証明した。すなわち、両者が不可分の関係にあることを樹立したのは岸田だといえるだろう。

他方で、建築意匠学は形態論、空間論、作家論、構成論などに分類される。特に形態論は建築写真を用いることで、その特質を論じることが主流であるといえる。形態論の名著であるロバート・ヴェンチューリ『建築の対立性と多様性』（鹿島出版会、一九八二（一九六六））、香山壽夫『建築意匠講義』（東京大学出版会、一九九六）や、さらに著者の前作である『建築／かたちことば』（鹿島出版会、二〇二二）らは、写真が文章と併走して論じられている。つまり、形態論に用いられる写真は、文章以上に重要な論点＝資料であり、写真の選定に論者らの意図が見え隠れするように誘われている。

ゆえに、本書の建築写真を眺めるとき、そこに隠された意図をくみ取ろうとせずにはいられないのである。

2 ズレによって生じる中間領域をとらえて

建築写真を見るとき、私の眼のクセの一つに写真の中心と空間の中心の一致／不一致を探すものがある。写真の中心とは、紙面上で写真の横幅を二分して得られる中心線である。建築の中心とはその場に身を置いた時に体感できる空間的中心である。この建築写真の見方は、建築写真家の小野寺宗貴氏に習ったものだ。その代表的な事例は石元泰博の桂離宮の一枚であると教えられた図1。欄間と欄間の間にある吊り束が写真の中心に構えられているのに対して、空間の中心は床の畳にあるため、写真の中心と建築の中心がズレているのである。この二つのズレの共演によって奥の間の床板の空間が、襖や床柱に隠れることなく、フレームに収められているのである。

本書にもこの写真と空間の中心のズレが次の写真において確認される。

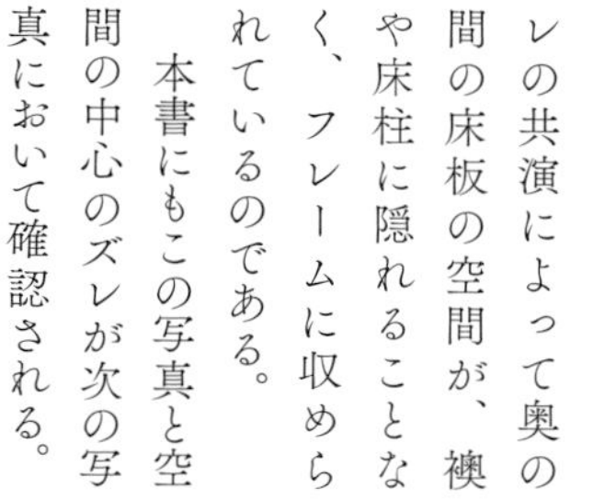
図１「古書院二の間から一の間を見る」注3

一枚目は、五号館の一階の吹き抜けである（p.82）。写真の中心に対して天井のポリカーボネートの割り付けから右にズレていることがわかる。これによって、右奥の実験棟へと続く通路空間が写されている。

二枚目は、体育館の走路である（p.110）。デッキプレートが貼られた天井の有軸空間の中心と写真をズらすことによって、階下の体育館のバスケットコートが写り込んでいる。

三枚目は、著者の研究室の内観写真である（p.192）。このズレを利用して、普段は同時に眺めることができない教員の席を視覚に収めることが可能となっている。

この表現手法は、ズレを利用して生じた本来見えない空間を写すための有効な手段であることが分かる。

このズレを利用した絵は、イタリア・ルネサンス

期に活躍したフラ・アンジェリコの絵画に端緒がある。彼はフィレンツェのサン・マルコ修道院に『受胎告知』(Annunciation、一四四〇−四五)を描いた図2。三枚の『受胎告知』のうちの一枚だ。ここで注目したいのは、絵画の中心と空間の中心である。『受胎告知』において、絵画の中心は大天使ガブリエルの目に置かれている。それに対して建築の中心は手前に描かれた二連アーチの柱芯である。フラ・アンジェリコは、このズレを利用して大天使ガブリエルが舞い降りた奥行きのある空間と、聖母マリアが座する空間の奥行きの深度の差を巧妙に表現することで、二者の立場の違いを描くことに成功している。さらに、聖母マリアの奥に見える修道士の小部屋の出隅も柱に隠れることなく見えている。この巧みな表現を効果的にしているのは、ポーチ空間である。この修道院は、ルネサンス期に活躍したミケロッツォによって改修された。フラ・アンジェリコはここに移住しながらこの壁画を完成させた。絵画史において、ポーチ空間を描いた最初期の作品として位置づけられる。フラ・アンジェリコは、透視図法に適した空間としてポーチを選択しただけではなく、内部と外部をつなぐ中間領域としてポーチを用いたのである。余談だが、聖母マリアがこのポーチを生活の一部として利用していたかのような設定を描いた点も興味深い。

図2『受胎告知』フラ・アンジェリコ

ここで本書に戻ると、ズレを有する写真は、上階と下階、内部と外部、主室と付室などの狭間に位置する中間領域を写しているのである。著者の専門である領域の表現が、ここに表されていると言える。

3 ポーチから生まれたナナメの視線

ポーチは欧米において非常に重要な空間であり、特にアメリカでは、内外の生活をつなぐ中間領域として、郊外型住宅の形態生成に重要な意味をもってきた。それは著者の『リビングポーチ』(住まいの図書館出版局、一九九七)にまとめられている。同書籍には、多彩なアメリカの郊外住宅が登場し、多数の魅力的な写真が掲載されている。それらの写真に付されたキャプションに注目すると「リビングポーチの内部から」という写真が圧倒的に多い。そして、それらの写真は、建築や空間に正対した写真ではなく、ナナメに振られた、いわば斜角の写真がほとんどだ図3。これによって、視線が遠方へと引っ張られていくため、内外の連続性や内外の関係性を語ることが可能となる。
　本書にも五号館一階のピロティ空間（p.100）、学生会館の内観写真（p.22）、そして、屋外ファーニチャー（p.183）などの画角がすべて、斜角である。これらは

図3 ハウランド邸のリビングポーチ

いずれも内部から外部へと視線が延長していく写真であり、著者のリビングポーチの画角と重なる。重要なのはこれらの写真が、設計者が研究を通じて獲得した中間領域の空間構造を本キャンパスに応用していることを示している点にある。本キャンパスはすべての建物が直行グリッドに並べられている。一見すると単調なキャンパス計画だが、そこにナナメに視線が伸びていく豊かな空間が存在している。上記の写真たちはそのキャンパス空間の豊かさを私たちに教えてくれている。
　この他にもディテールの写真が随所に散りばめられている。建築史家の海老澤模奈人は、五号館のピロティ柱に未研磨ステンレス板をビス留めしたディテール写真（p.96）に対して、オットー・ヴァーグナーの郵便貯金局だと評した。思い返せば、著者が初年度教育において重要だと講じる三人の建築家は、オットー・ヴァーグナー、チャールズ・レニー・マッキントッシュ、アントニ・ガウディの三人であった。この写真は著者のデザインにおける歴史観を巧みに抽出したと言えるだろう。
　これまで述べた中間領域や、ナナメの視線の描写、そしてディテールの表現は建築家である著者が創造した空間を、髙橋が的確に切り取った共作だと言える。
　本学は、渡辺義雄、村井修、藤塚光政らの多数の建築写真家を輩出してきたが、みな写真学科の出身である。それに対して髙橋は著者に薫陶を受け建築意匠を学んだ建築写真家である。そのため、これまでの先達とは異なる新たな世界を切り開く新星として眺めるのも、本書の楽しみ方だろう。

注1：勝原基貴、大川三雄「講義原稿「意匠及装飾（形体篇）」（昭和一二年）にみる岸田日出刀の『建築造形理念』―昭和初期の墓碑・銅像台座の作品と忠霊塔の造形意匠に対する言説に敷衍して―」（日本建築学会計画系論文集 第七八巻 第六九四号、pp.2597-2604、二〇一三・一二）
注2：藤村里美他『建築×写真 ここのみにある光』（millegraph、二〇一八）p.175
注3：丹下健三、石元泰博『桂』（中央公論社、一九七一）pp.110-111

未来へつながる風景

水間寿明

私が大学に入学して間もないころ、研究室を見学してまわる機会があり、そのときに訪ねた市原研究室にはいくつもの模型が並べられていた。確かな記憶ではないが、なにかのコンペティションに提出された大きな模型や住宅の模型などがいくつもあったと思う。「面白いでしょ！設計は楽しいよ」と声をかけて下さったのが市原出先生である。初めて接するプロフェッサー・アーキテクトである。一年生の私は憧れやら緊張やらで、どう受け応えをしたかは覚えていないが、そのときに実践と研究を並行している市原先生の研究室へ行きたいと決めたことは今もよく覚えている。その後、無事に市原研究室に配属され修士課程までご指導いただいた。そして今回光栄なことに、市原先生の東京工芸大学厚木キャンパスにおける一〇の作品をまとめた作品集に携わる機会をいただいた。

卒業後、市原先生が設計監理された住宅のオープンハウスに呼んでいただいたことがある。都内の狭小住宅であったが、印象的だったのはこの住宅はこうあるべきという強い表明を感じたこと、階段、扉、キッチンなど人間工学的とも言えるミリ単位のプランニング、そしてなんとなくだが全体が線の要素で構成されているという感覚であり、線の重なりによる奥行きを感じた。私も実務の世界に入って少し経ったときであったので、ギリギリを攻めた設計に感銘したことと、クライアントの反応がどうであったかに興味をもった。明晰なコンセプトを実現する緻密な設計、線による構成と選び抜かれた素材であった記憶がある。市原先生の作品にじっくりと触れた最初の体験であった。

厚木キャンパスの作品は、新築と増築減築を含む改修であるが、そのなかには特殊なものも含まれる、というかいくつもある。体育館の中に別の建物を新築した芸術学部の工房〈ORANGE〉、三〇メートル崖下に建てられた新体育館、旧二号館を解体し校舎の基礎をあえて残したモール、二階を減築し元の平屋に戻した学生会館〈CUBE〉、三〇メートル超えの風洞が入る風工学研究センターなど、体育館と風工学研究センターは新築であるが、その他は市原先生の言われる「どこにでもある」「なんでもない建物」に対して、特異な改修を施したプロジェクトである。明晰なコンセプトで応えながらも外観をあからさまにインパクトのあるかたちとせず、ごく自然に、これまでの経緯や建物と周辺の状況、そしてそこで起こるであろう活動に沿って素直につくられていることで、キャンパスに溶け込んでいる。創られた空間と使い手が互いに影響を与えながら共存し、積み重ねられた雰囲気が未来の歴史となっていく。目指す風景の一つなのではないかと想像できる。

全作品を通して特徴的なのは、先の住宅でも少し触れた内部空間に展開される奥行きの操作ではないだろうか。平面図のみで読み取ることは難しいが、コンクリート、ステンレス、赤錆鉄板、ガルバリウム鋼板、塩ビ、ポリカーボネート、パンチングメタルなどの無機質な素材の組み合せを用いながら「壁や天井の二次元的な表現」「床壁天井の境界の明確さと曖昧さ」「素材や色の特徴」によって創出される空間の広がりはバラエティに飛んでいる。

たとえば、五号館（pp.82-101）はラウンジの塩ビ波板による光天井や製図室のパンチングメタル天井により、その裏の軽天鉄骨下地、吊りボルト、ブレース、照明、換気扇、非常照明などの線状や点状の物体が露わになる。ラウンジでは透過する光天井、生地のステンレスが巻かれた柱の反射、製図室へとつながるガラスドアが、浮遊するような空間の厚みを生み出す。一方、製図室の天井に貼られたパンチングメタルは、その薄い皮膜により面的要素が緩和されたレイヤーとなり、裏側にある線材や点材が目に飛び込んでくることで向こう側を感じさせる。

学生会館〈CUBE〉（pp.8-33）では、ガラスと外部デッキが内部と外部の連続性を生み出している。五号館ラウンジと同様に光天井が設けられ、トイレを覆うS字の壁と天井が切り離されることで、一室空間となっている。そして、赤錆鉄板で巻かれたグリッド上に並んだ既存の柱が、存在感のあるパースペクティブを創り出している。

体育館（pp.104-129）の平面は、その用途上、アリーナを中心に放射状にサブの空間が層を成して取り巻いている。さらに二階ステージと四階走路や観客席の四方がガラスで囲われており、飯山の水田と丹沢の大山が望めることで、外部をも取り込む重層的な立体構成に加え、耐震のブレースや天井のトラスの線材が重なりより重層感が増す。加えてここではアリーナの壁面に注目してみる。仕上げ材と同一面上にコンクリートの柱やスラブが表れ、そのまま仕上げとなっていて、異素材が一つの面でフラットに納められている。壁という平面のなかに異素材がぶつかることでできる素材の切り替わりのラインが、一つの面でありながら、線のコンポジションとして印象を与える。またそれだけでなくコンクリートの柱は真壁のように見えているが、上段から消えて見えなくなる。消えた柱の行方を想像させると同時に、それ自体が平面に閉じ込められた一種のアート的要素にも感じられる。

芸術学部の工房である〈ORANGE〉(pp.42-59)は使われなくなった体育館の中に別の建物を新築している。入れ子状であるから当然外皮と内側の建物では古いものと新しいものの対立と共鳴が起き、他の建物とは違った奥行き感のある隙間が生じる。遮音のためであり、設備配管のためであり、メンテナンスのためでもあるこの隙間は、アリーナにスパイラル状に構成された床とつながったり、離れたり、閉ざされていたりしている。それがこちら側とあちら側を意識させる。さらに体育館であった当時の窓から差し込んだ光が、挿入された内側の箱に反射しその隙間を浮かび上がらせる。

一〇号館(pp.156-177)のラーニングコモンズの天井や壁は、仕上げられていたり、下地のままであったりが混在している。ここでは仕上げ材と下地材の主従の概念が薄れ、下地は両義的な意味をもつ。エントランスのポリカーボネートの壁は目隠しとして必要な高さで止まり、それより上はポリカーボネートを支える下地の軽量鉄骨だけが見える。廊下との境にある千草鼠色のジョリパッドで塗られた壁も必要とされる高さで止められ、それより上は等間隔で並ぶ軽量鉄骨で仕上げられており、照明のダクトレールはその軽量鉄骨の裏側へ消えていく。吊り下げられたガルバリウムのパンチングメタルも必要と判断された範囲に留まり、その裏を隠すことはされない。その場の壁や天井として適していると判断された素材そのままの存在が許されている。モールへの緩やかなつながり、廊下やその先のガラス張りの工作室への視線の抜け、壁と天井の曖昧な境界が不思議な広がりを感じさせる。

各建物には目を引く色が用いられている。先の一〇号館の壁面には千草鼠色が使われていた。その他の建物では鮮やかな赤、青、黄、橙も使われている。それらは基調色との対比として要素を際立たせる使い方であるといえるが、七号館(pp.138-153)では空間になじむ艶のない落ち着いたシルバー色が柱や梁、壁と天井の一部に塗装されている。モノトーンの空間に光を映す柔らかなシルバーが取り入れられるだけで空間に深みが出る。一方、エントランスから奥に深いホールは、白い壁面に対し床の起伏とシルバーの柱や梁が重なり、そしてそこにトップライトからの光が差し込む。艶の抑えられたシルバー色は拡散反射が強いため陰影は弱まり、立体感や素材感がぼかされることで遠近感が弱まって、二次元的な面の重なりの印象に近づく。奥行きを色で表す空気遠近法のようである。

どれも平面構成はいたってシンプルである。しかしそのシンプルな平面に対して立ち現れる、床、壁、天井に対する思慮の深さを感じずにはいられない。これらは新築としてはもちろん、再利用を前提とする改修では一段と効果的な手法だと考えられる。ここで獲得されたそれぞれの内部の広がりは変化に富んでおり、豊かな空間が生み出されている。そして二次元的な表現が創り出す、線の軽やかかな雰囲気や面の重なりは、木々の重なりや景色の重なりのようでもあり、内部までもが風景であろうとしているようにも思える。

二〇年余り一人の建築家がキャンパス計画に関わり続けるということは稀であろう。マスタープランのない大学空間にとって、それだけの期間、柔軟な態度でキャンパス全体を見渡せる建築家がいたことは大学にとっても得難いことであったといえよう。大学を取り巻く環境の変化が加速するなか、建築に新たに求められる機能に対して、安易にスクラップアンドビルドでなく、現にそこにあることが価値と認め、今ある建物を一つのコンテクストと捉え再利用することを大学へ提案され続けてきた。時間をかけてつくられてきた大学空間の雰囲気を残しつつ、時間をかけながら思考を重ねキャンパスを整えていく。その継続がこれまでのキャンパスの歴史を未来につなげることでもある。それぞれのプロジェクトでは、多岐に渡る課題と対峙したことは容易に想像できる。聞くところによると新体育館は土地の権利関係や法的申請のため設計に三年を要したという。そして他の多くは改修プロジェクトであり解体をしてみないと分からない。その場その場で立ち上がる課題への対処は当然としながらも、風景へとつながる手がかりを模索し続けた、まさに思考と実践の繰り返しの場であったに違いない。そして、市原先生の作品が一度に見られるキャンパスとなったことも嬉しい事実である。「考えながらつくる、つくりながら考える」という教えは、今も私の設計活動の根底を支えてくれている。

図面・建築概要

配置図 S=1/2000

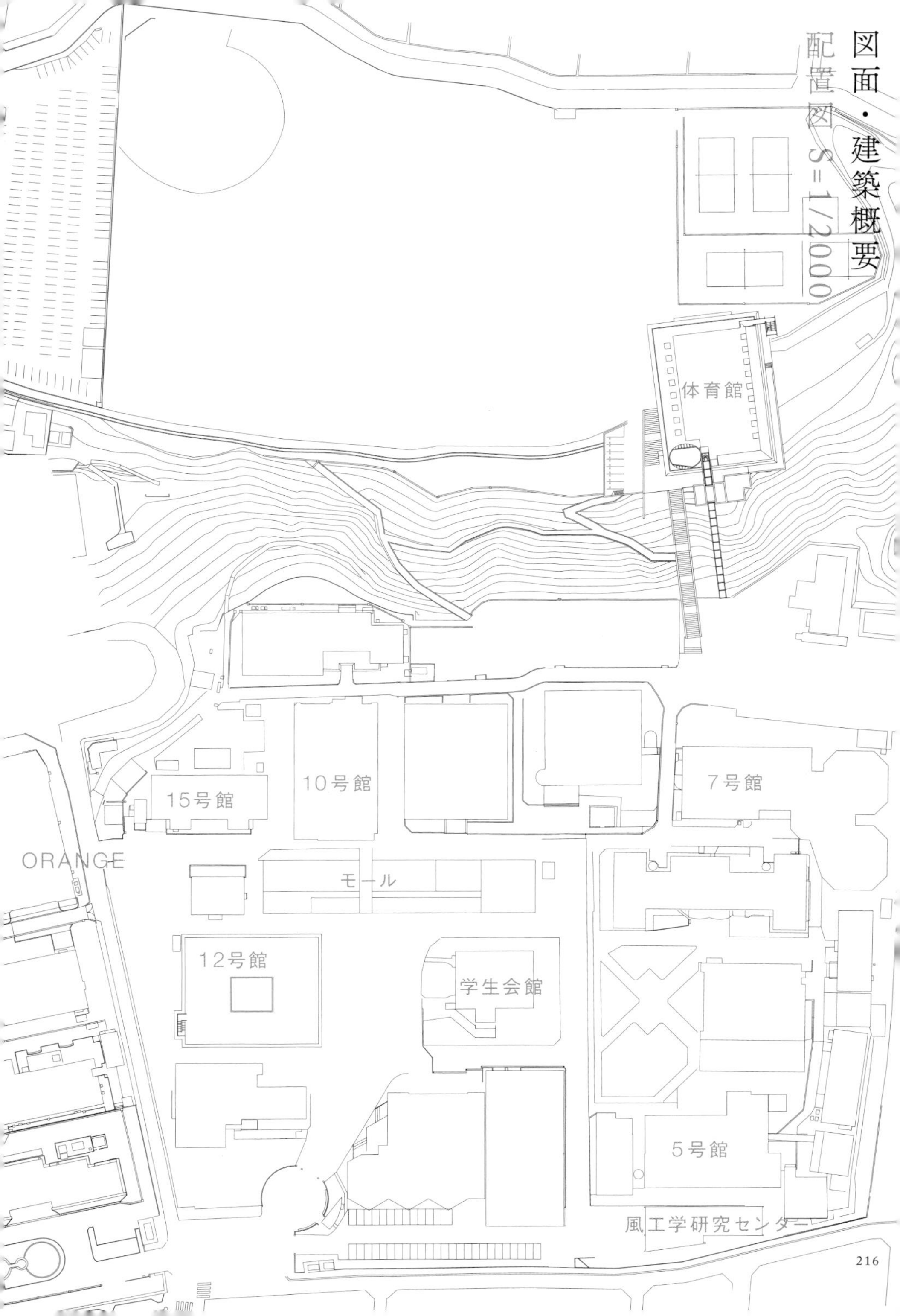

①風工学研究センター S=1/500

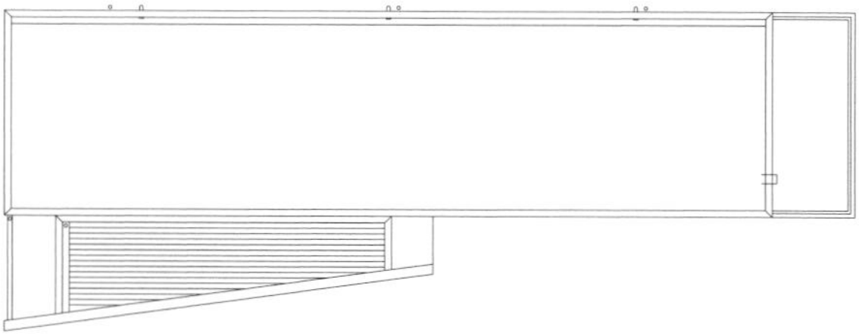

ROOF PLAN

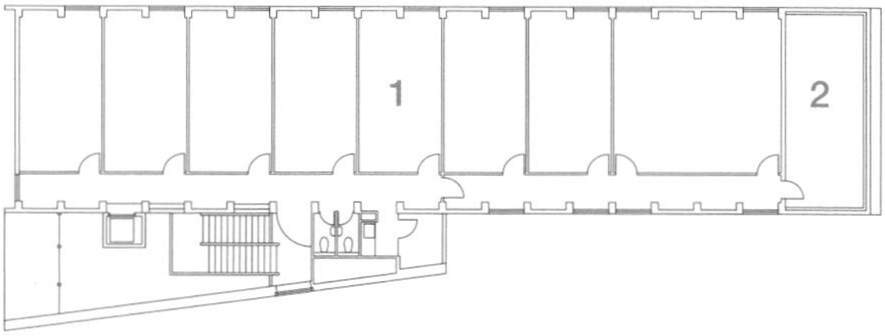

PLAN (3F)

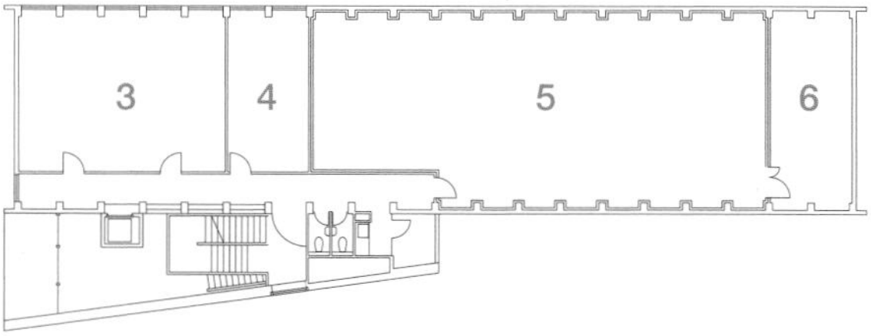

PLAN (2F)

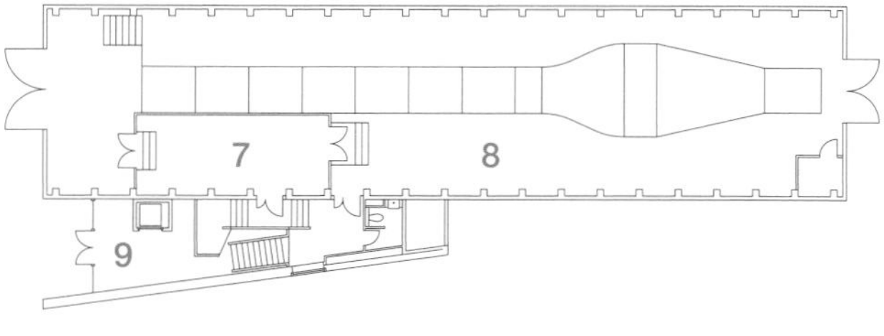

PLAN (1F)

1: 研究室・会議室
2: 機械室
3: 研究室
4: 倉庫
5: 人工気候室
6: 機械室
7: 計測室
8: 風洞実験室
9: エントランスホール

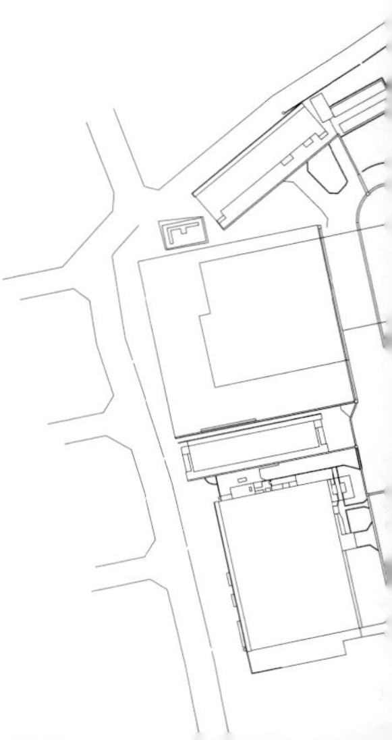

①風工学研究センター S=1/500

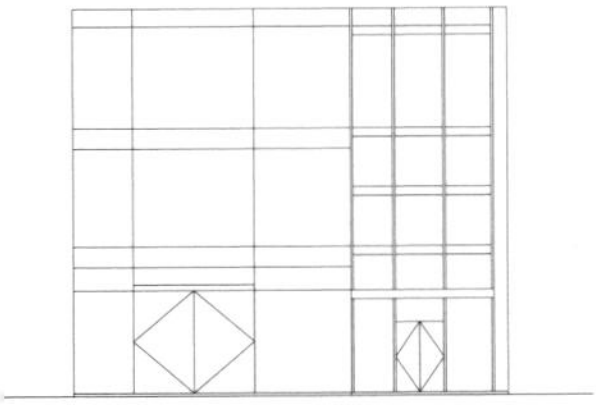

WEST ELEVATION

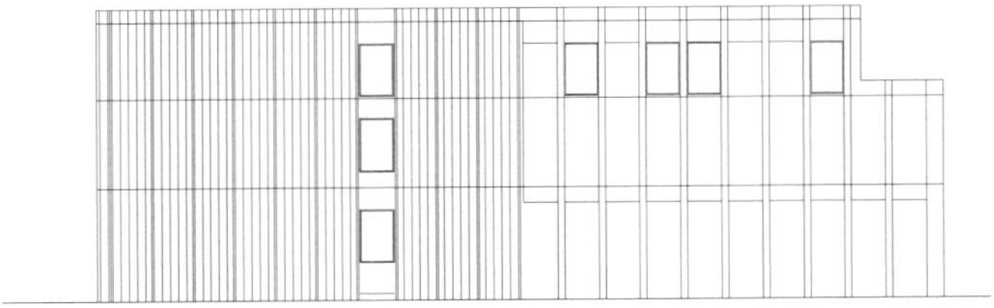

SOUTH ELEVATION

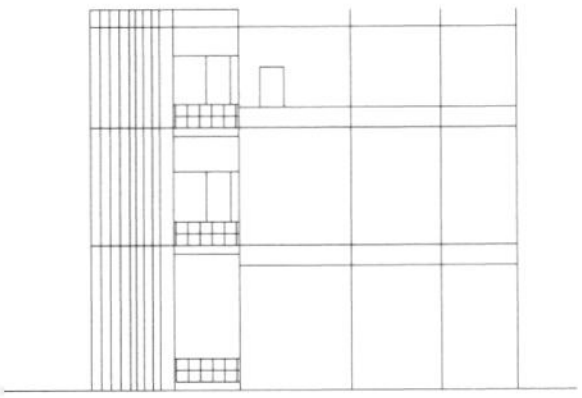

EAST ELEVATION

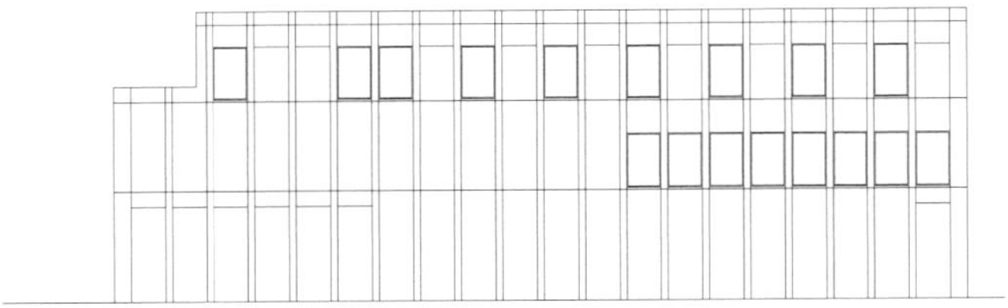

NORTH ELEVATION

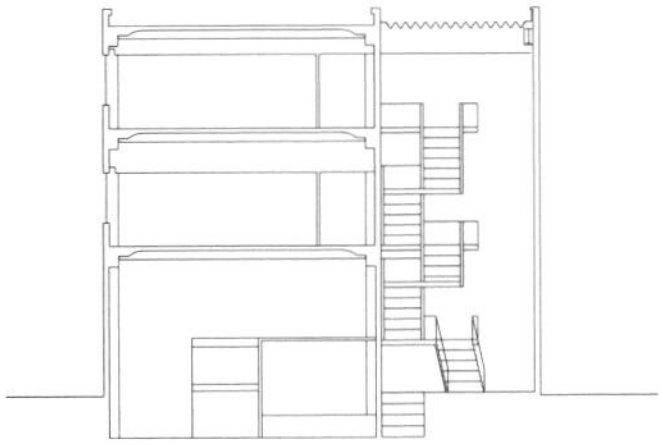

SOUTH - NORTH SECTION

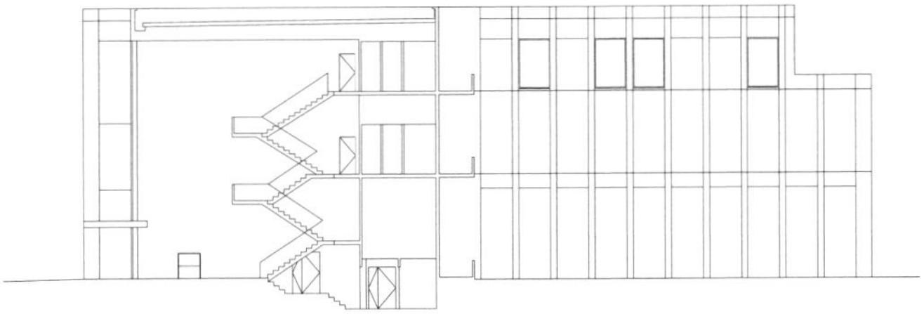

EAST - WEST SECTION 1

〈概要〉
工事種別：新築
基本計画・総合監修：
市原出＋東京工芸大学建築意匠研究室
設計・施工：鹿島建設
設計期間：1999年10月～2000年8月
工事期間：2000年9月～2001年3月
規模：地上3階
構造：RC造
建築面積：405.75m^2
延床面積：1,041.97m^2

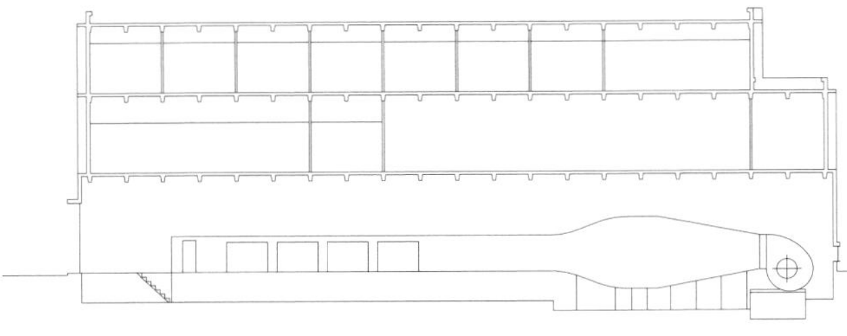

EAST - WEST SECTION 2

② 体育館 S=1/500

1: 部室
2: 部室
3: 機械室
4: サブアリーナ
5: トレーニングルーム
6: ホール
7: 体育測定室

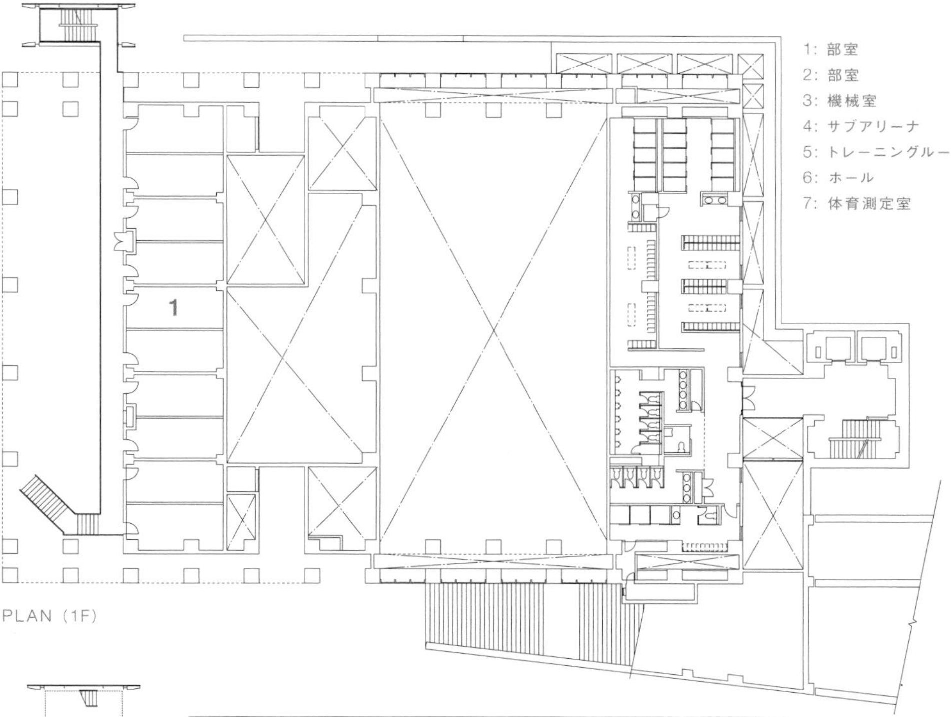

PLAN (1F)

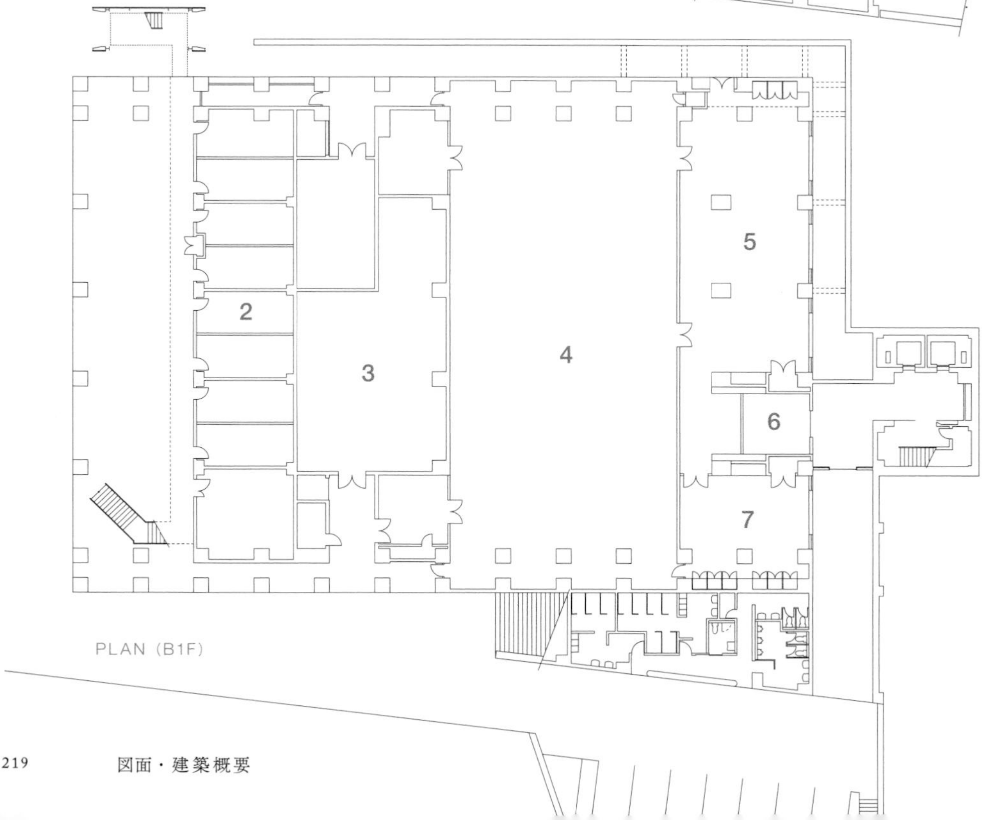

PLAN (B1F)

②体育館 S=1/500

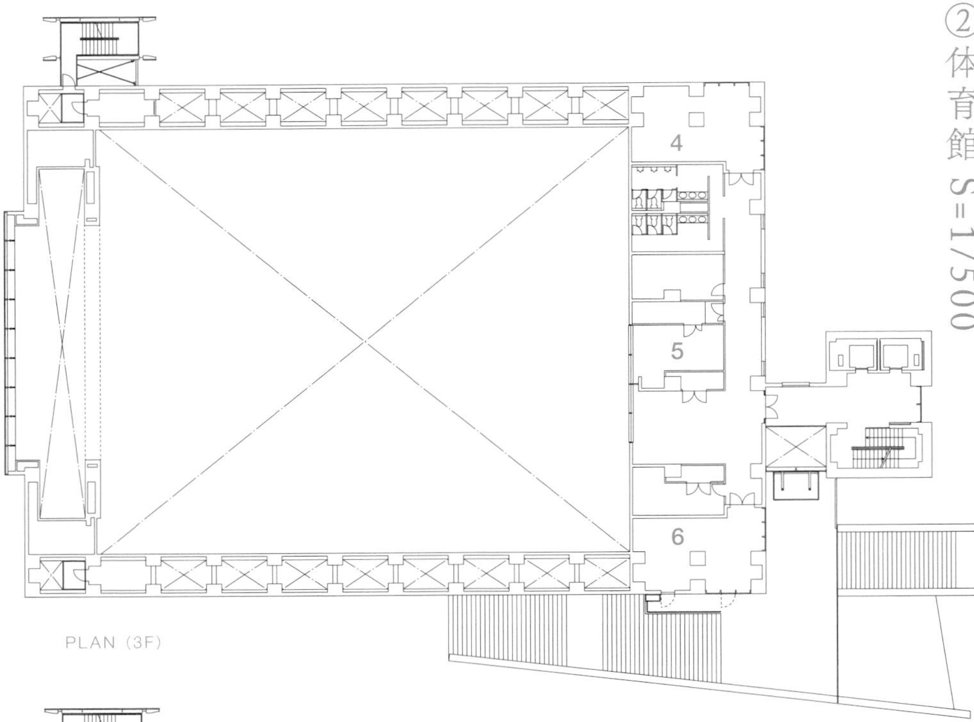

PLAN (3F)

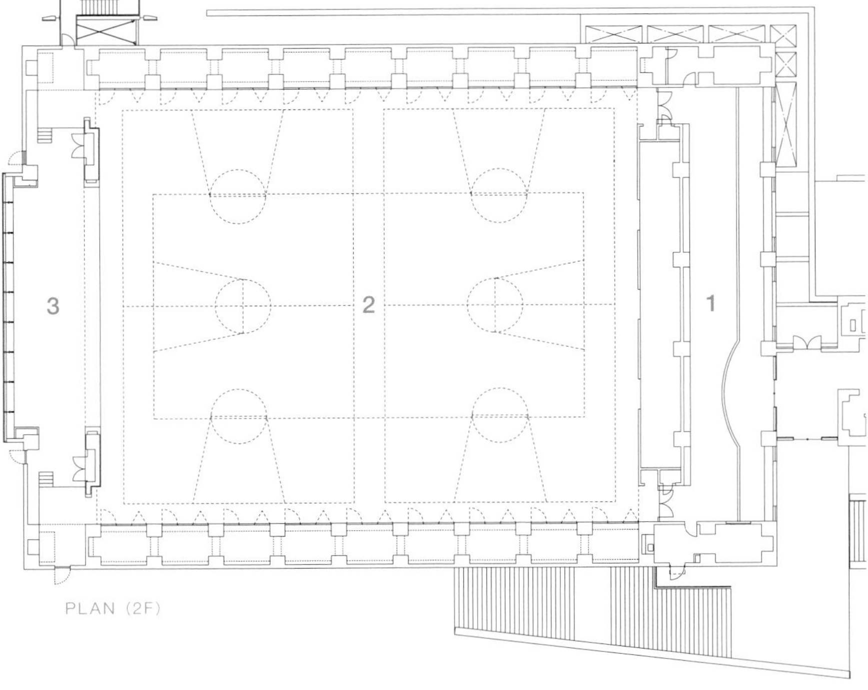

PLAN (2F)

②体育館 S=1/500

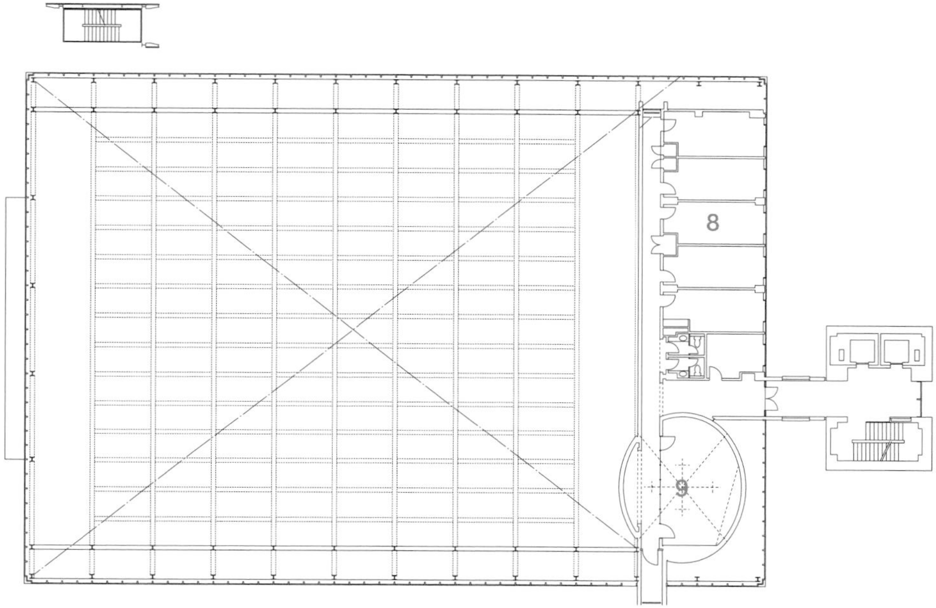

PLAN (5F)

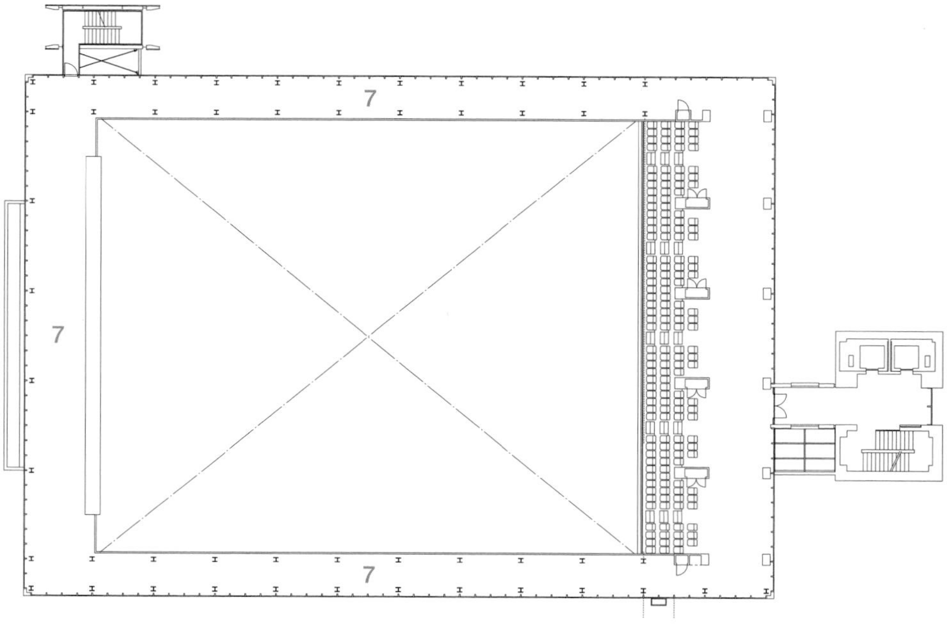

PLAN (4F)

1: ホール
2: メインアリーナ
3: ステージ
4: 機械室
5: コントロールルーム
6: 機械室
7: 走路
8: 研究室
9: 同窓会セミナー室

②体育館 S=1/500

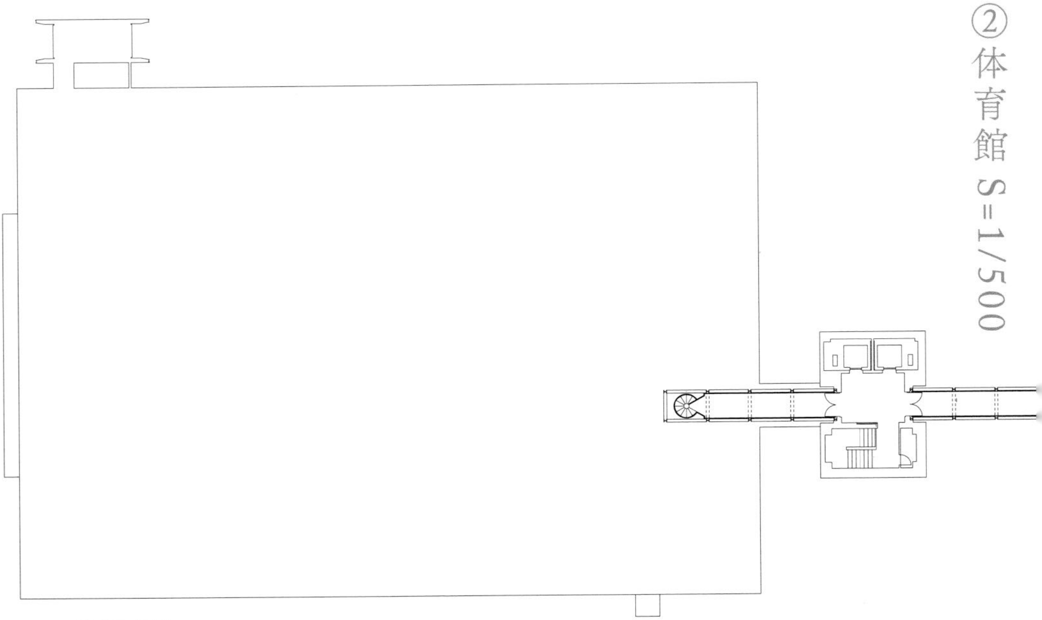

PLAN (7F)

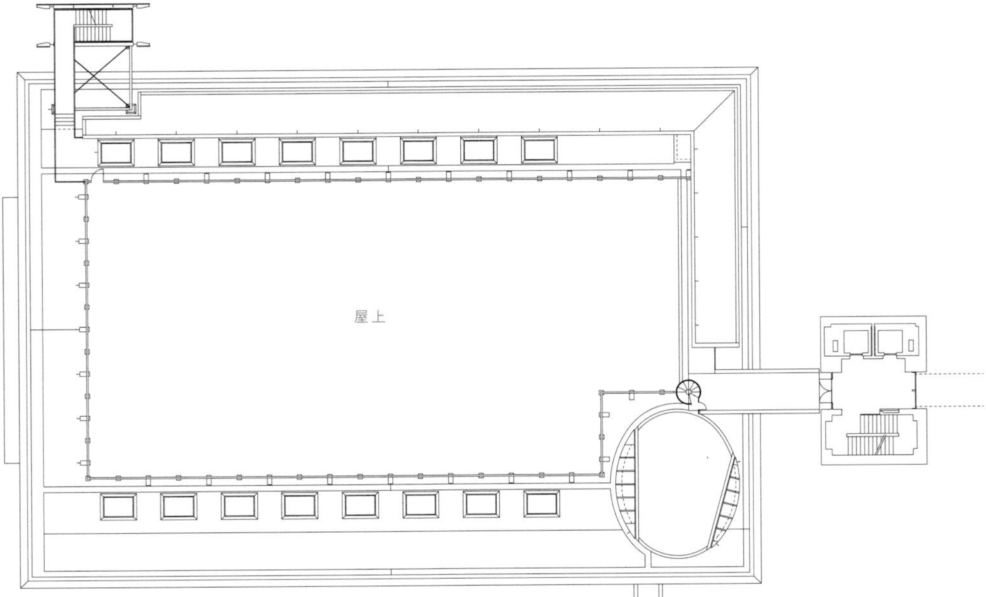

PLAN (6F)

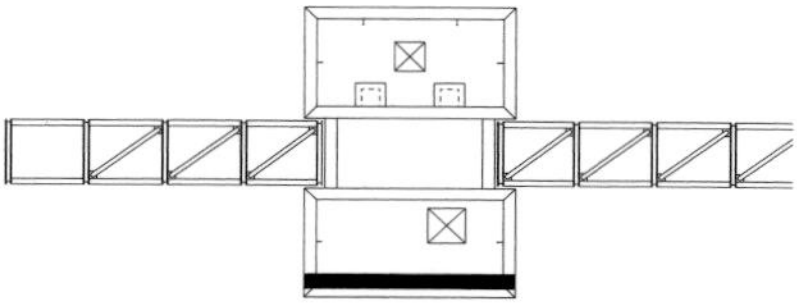

ROOF PLAN

②体育館 S=1/500

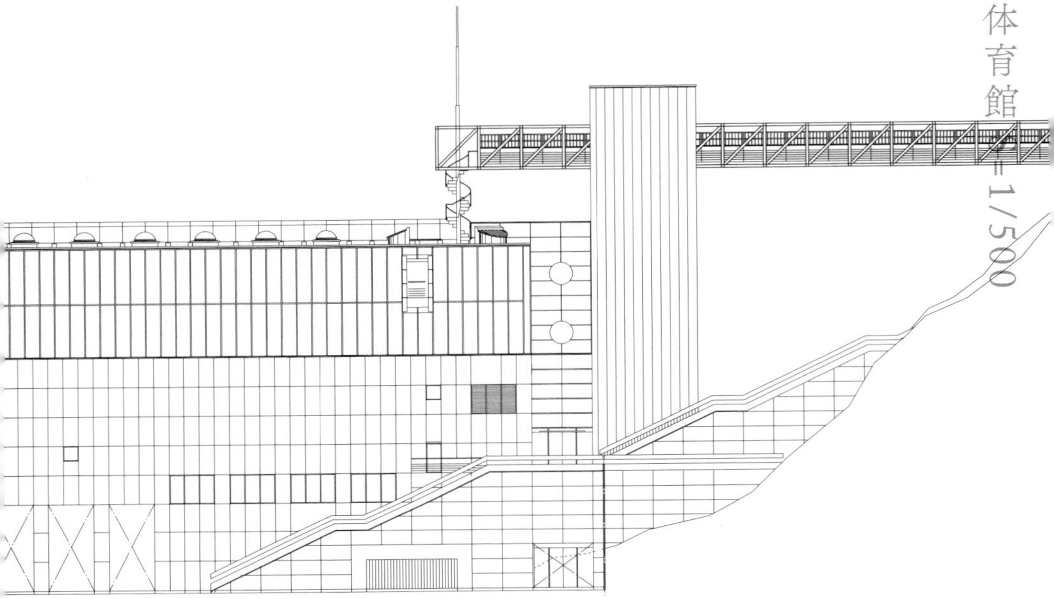

WEST ELEVATION

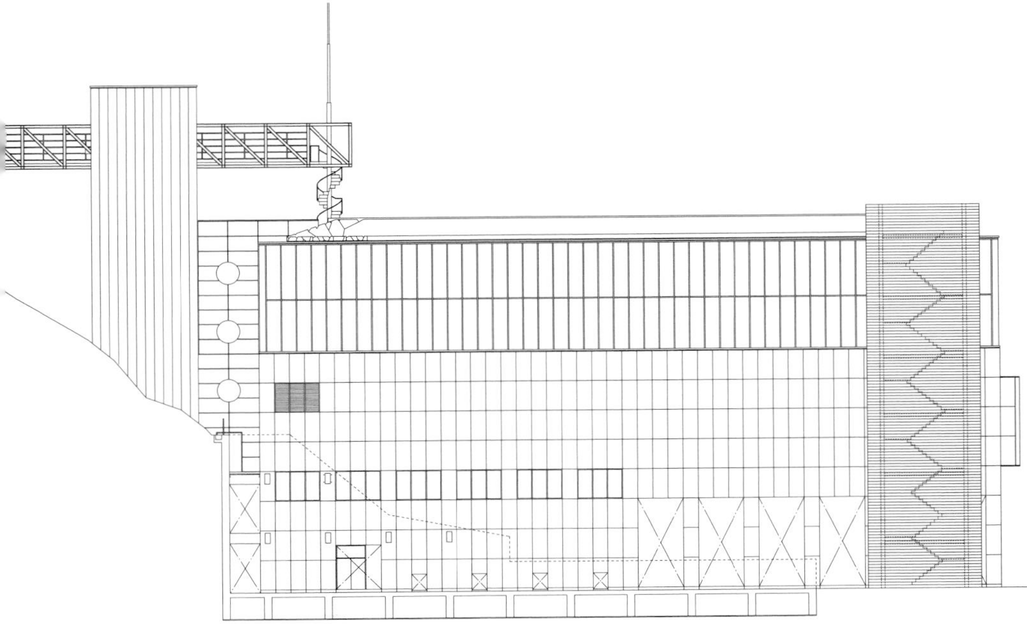

EAST ELEVATION

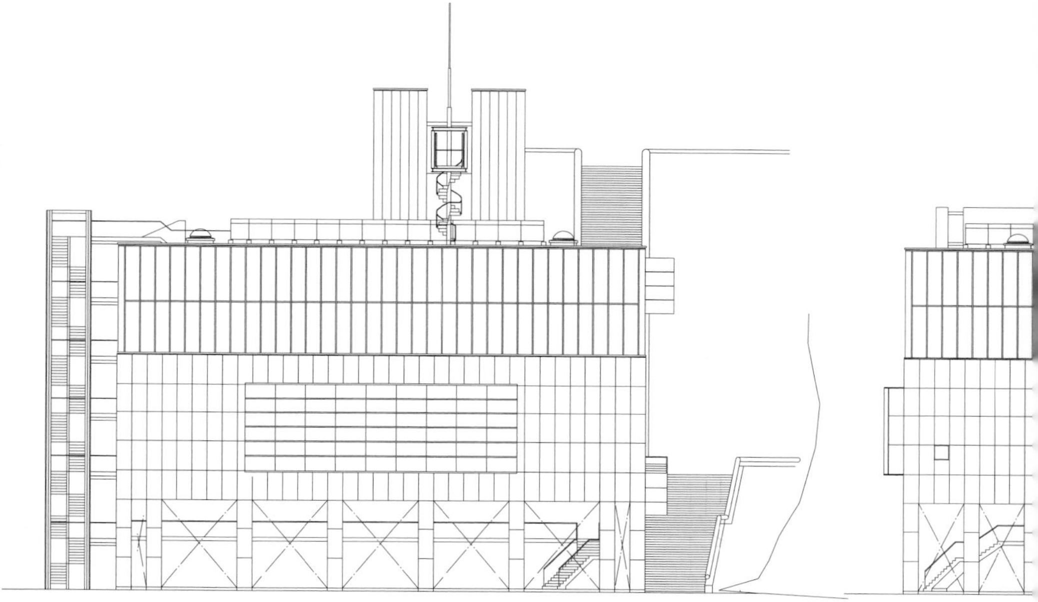

NORTH ELEVATION

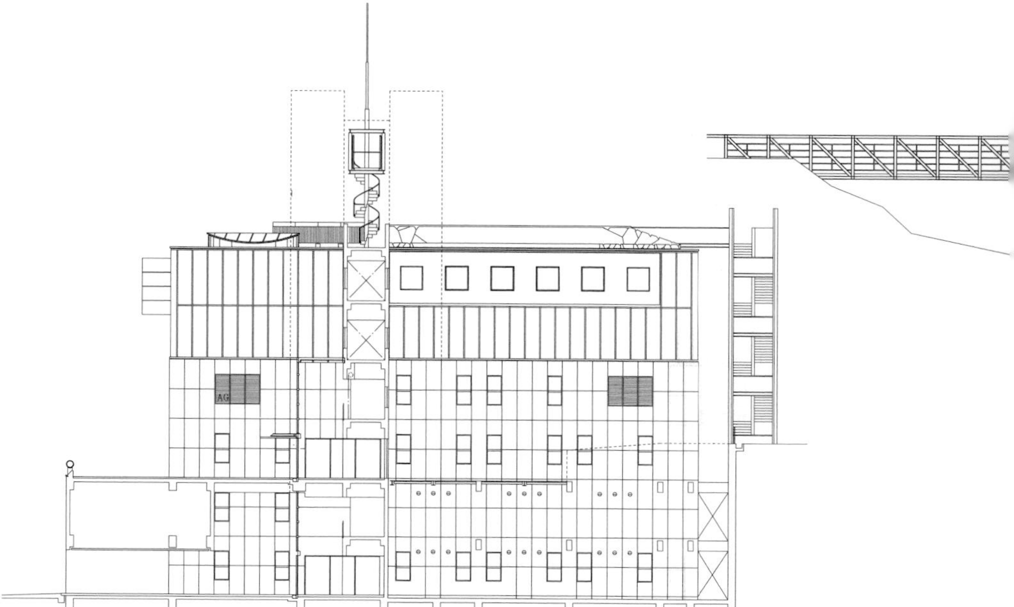

SOUTH ELEVATION

②体育館 S=1/500

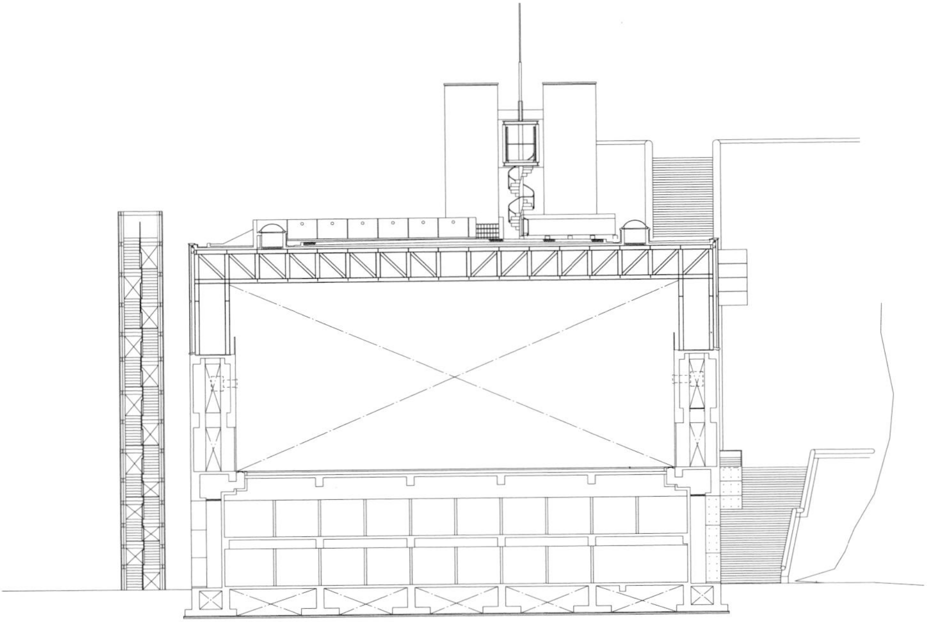

EAST - WEST SECTION 1

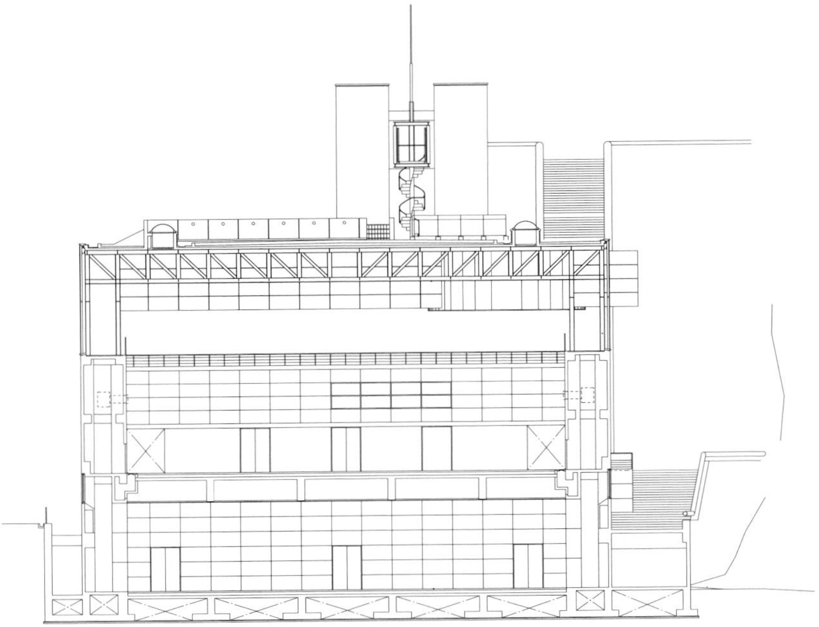

EAST - WEST SECTION 2

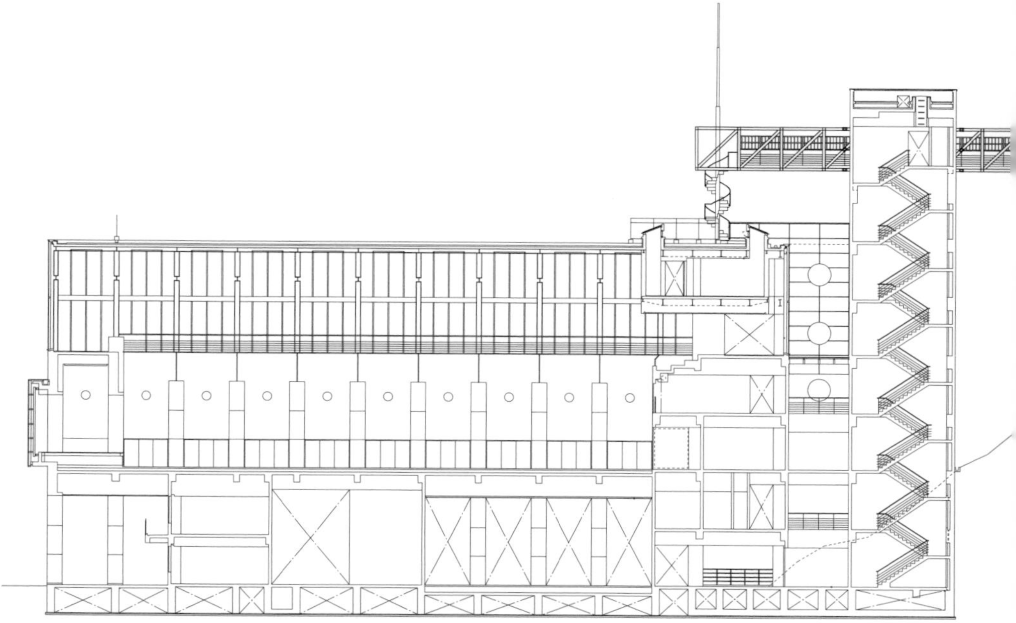

SOUTH - NORTH SECTION 1

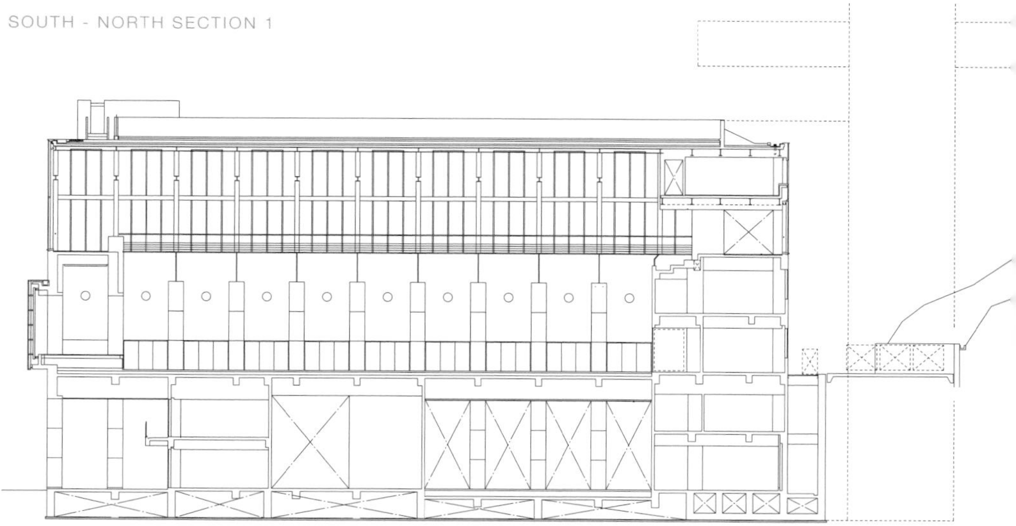

SOUTH - NORTH SECTION 2

〈概要〉

工事種別：新築

基本計画・総合監修：市原出＋東京工芸大学建築意匠研究室

設計・監理：山下設計

施工：鹿島建設

設計期間：1999年11月～2002年3月

工事期間：2002年5月～2003年8月

規模：地上7階、地下1階

構造：SRC造＋S造

建築面積：1,982.36m²

延床面積：5,471.04m²

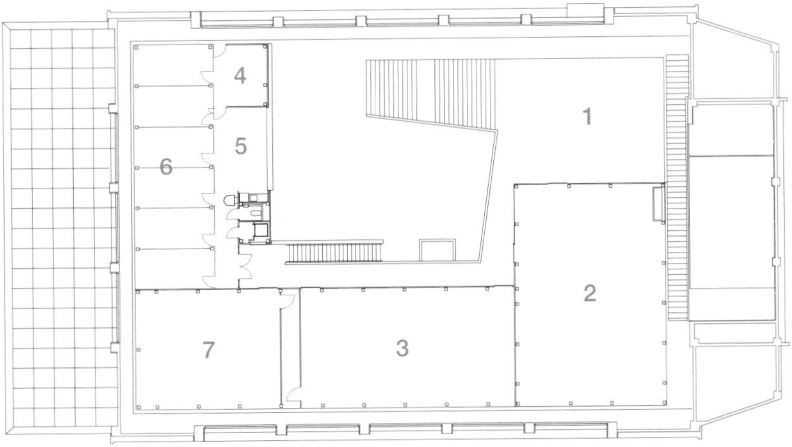

PLAN (2F)

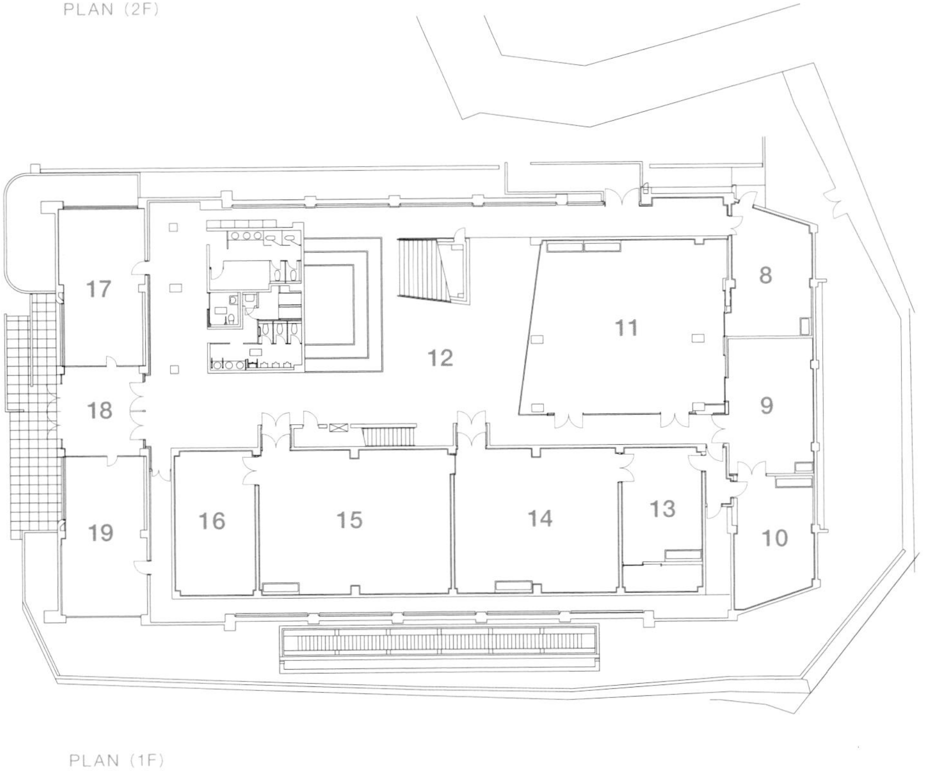

PLAN (1F)

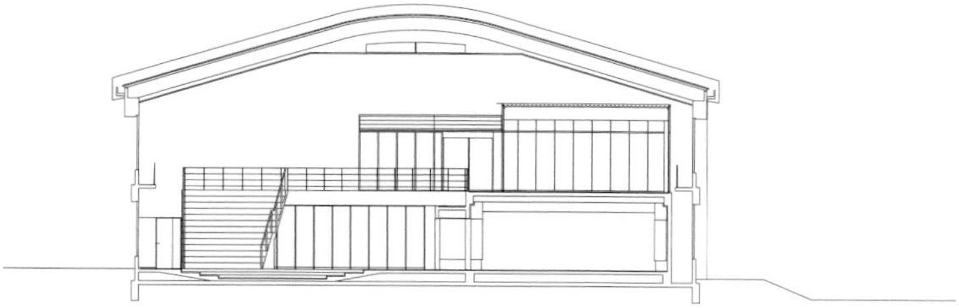

EAST - WEST SECTION

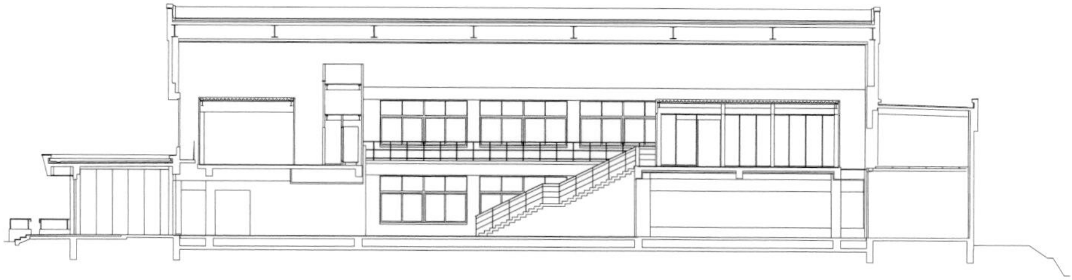

SOUTH - NORTH SECTION

1: デッキ
2: ワークスタジオ
3: フリースタジオ
4: ボードルーム
5: テラス
6: ラボ
7: デジタルスタジオ
8: クレーワークス
9: ワークステーション
10: ペイントワークス
11: ワークスタジオ
12: アリーナ
13: レジンワークス
14: ウッドワークス
15: フリーワークス
16: メタルワークス
17: ギャラリー
18: エントランス
19: ギャラリー

〈概要〉
工事種別：増築＋改修
企画：東京工芸大学芸術学部デザイン学科
基本計画・総合監修：
市原出＋東京工芸大学建築意匠研究室
設計・監理：山下設計
設計協力・施工：鹿島建設
設計期間：2003年7月～2003年9月
工事期間：2003年10月～2004年3月
規模：地上2階
構造：RC造＋S造
建築面積：1,337.9m^2
延床面積：1,987.22m^2（増築部分 670.39m^2、改修範囲 1,987.22m^2）

④モール S=1/500

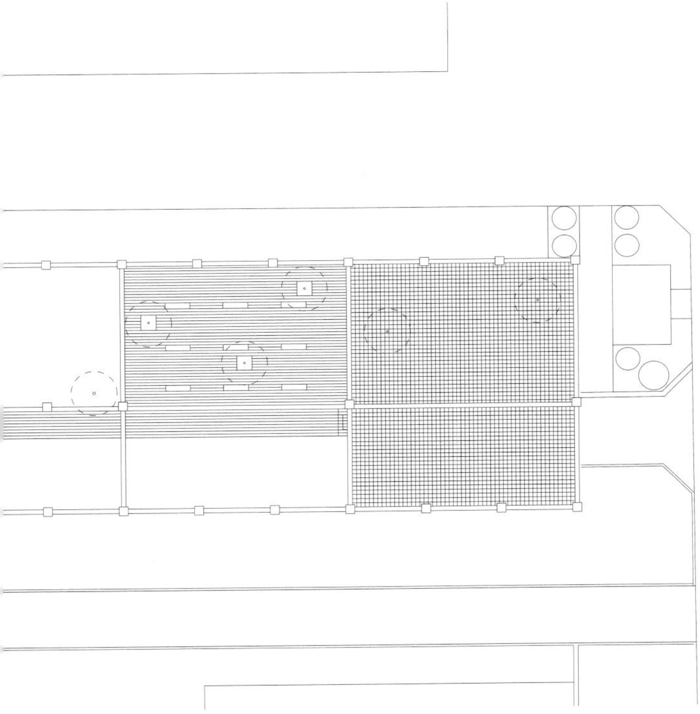

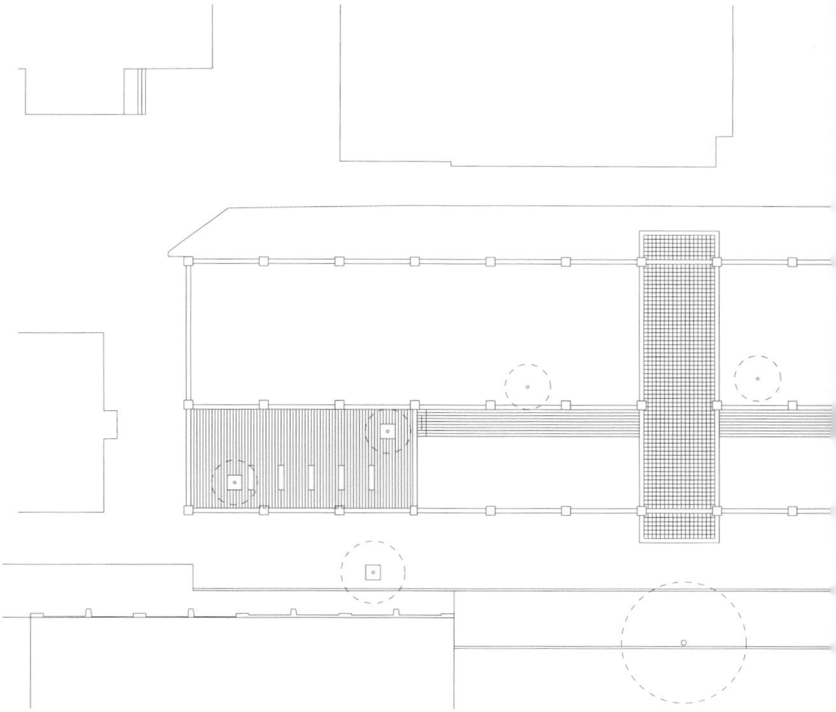

〈概要〉
工事種別：除却＋改修（新築）
設計・総合監修：市原出＋東京工芸大学建築意匠研究室
設計協力・施工：鹿島建設
設計期間：2004年6月
工事期間：2004年7月〜2004年8月
面積：約1,900m^2

⑤ 学生会館 S=1/500

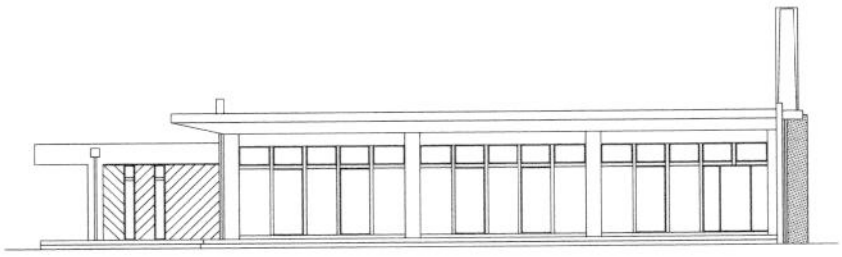

EAST ELEVATION

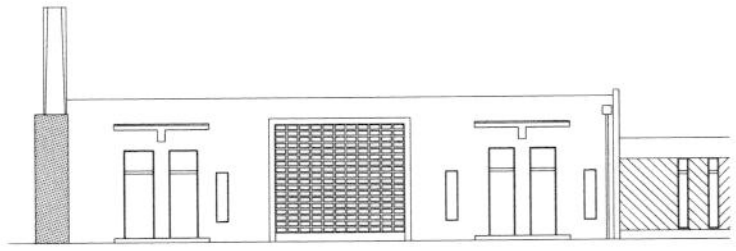

WEST ELEVATION

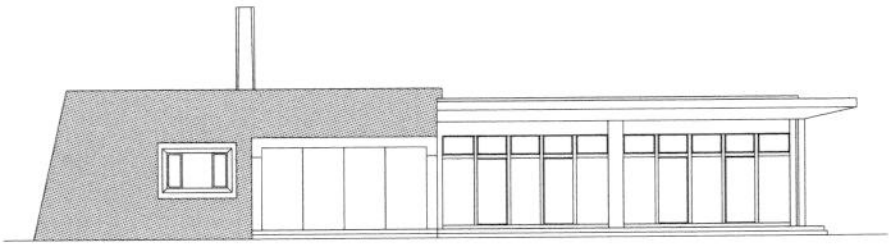

SOUTH ELEVATION

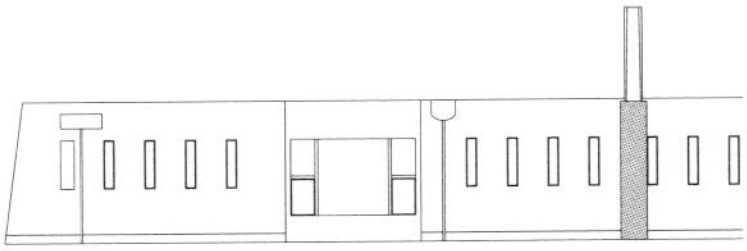

NORTH ELEVATION

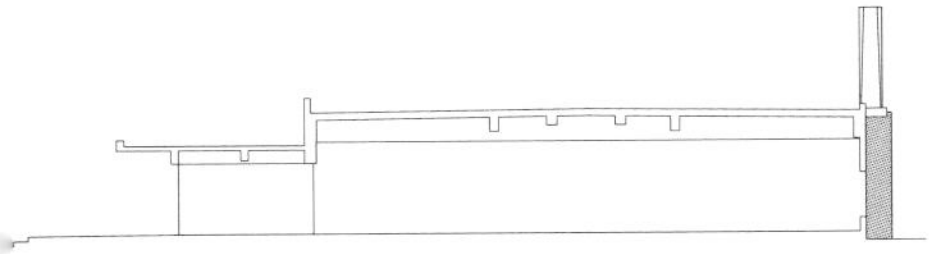

SOUTH - NORTH SECTION

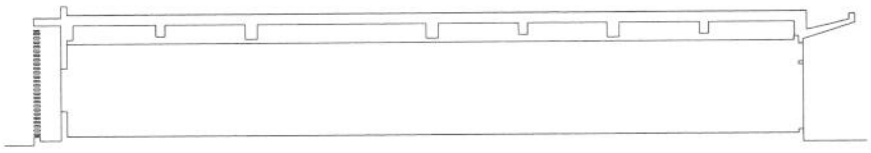

EAST - WEST SECTION

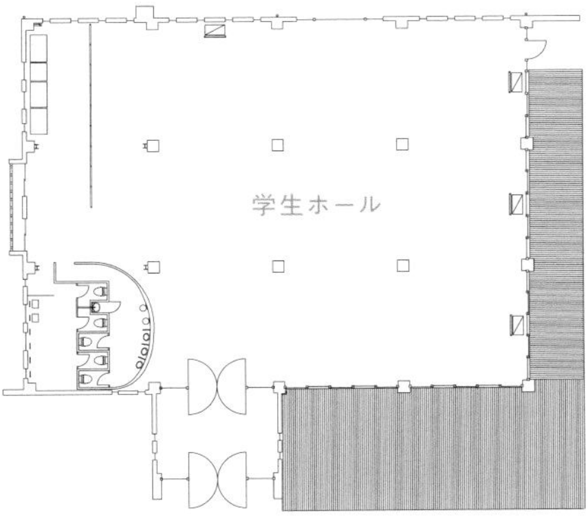

PLAN (1F)

〈概要〉

工事種別：減築＋改修

設計・監理：市原出建築設計事務所

施工：鹿島建設

設計期間：2008年6月～2008年7月

工事期間：2008年8月～2008年9月

規模：地上1階

構造：RC造

建築面積：505.38mm^2

延床面積：468.19m^2（改修範囲 468.19m^2）

⑥ 5号館 S=1/500

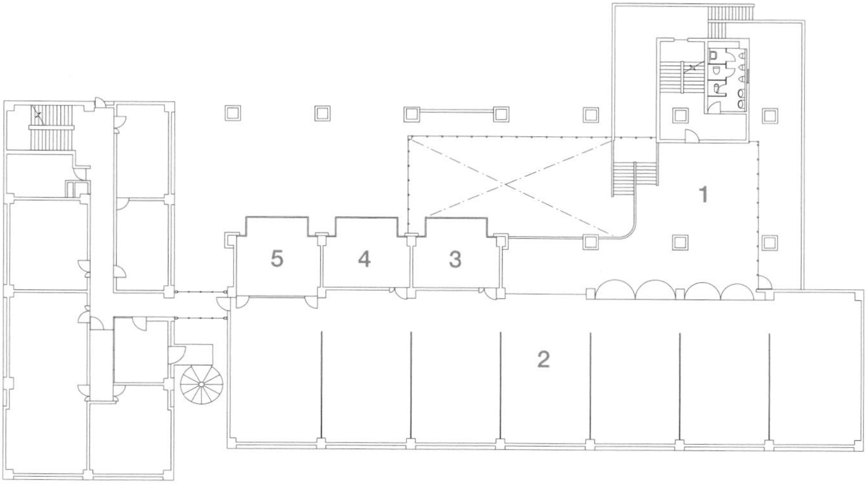

PLAN (2F)

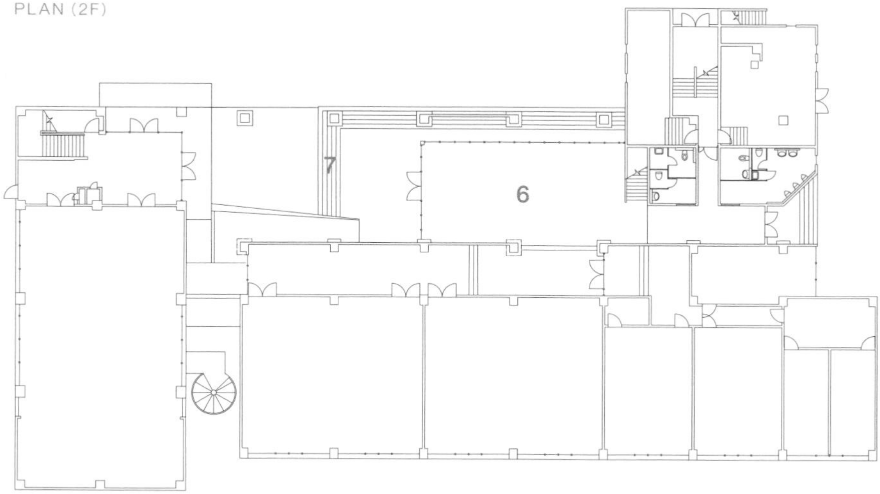

PLAN (1F)

〈概要〉
工事種別：改修
設計・監理：市原出＋コムアソシエイツ／伊藤敦範、天野佑亮
施工：ナカノフドー建設
設計期間：2009年12月～2010年1月、2019年2月
工事期間：2010年2月～2010年3月、2019年3月
規模：地上4階
構造：RC造
建築面積：1,382.04m^2
延床面積：3,285.01m^2（改修範囲 1,154.55m^2＋982.65m^2）

1: ラウンジ
2: 製図室
3: 準備室
4: 採点室
5: ゼミ室
6: ホール
7: ピロティ

⑦ 15号館 S=1/500

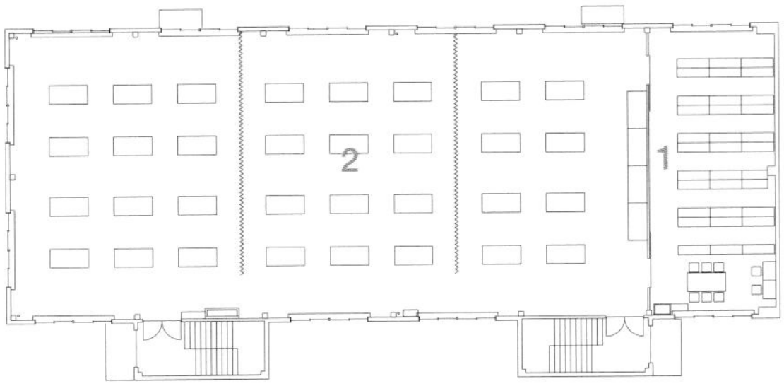

PLAN (2F)

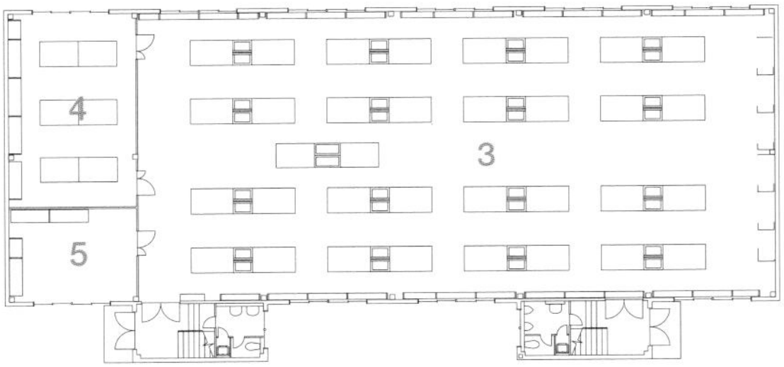

PLAN (1F)

1: 準備室
2: 物理実験室
3: 化学実験室
4: 分析室
5: 準備室

〈概要〉
工事種別：改修
基本計画・総合監修：市原出＋東京工芸大学建築意匠研究室
設計・監理：コムアソシエイツ／伊藤敦範、天野佑亮
施工：常濃建設
設計期間：2018年4月～2018年6月、2019年6月～2019年12月
工事期間：2018年7月～2018年9月、2020年2月～2020年3月
規模：地上2階
構造：S造
建築面積：537.26m^2
延床面積：1,074.52m^2（改修範囲1,074.52m^2）

⑧ 10号館 S=1/500

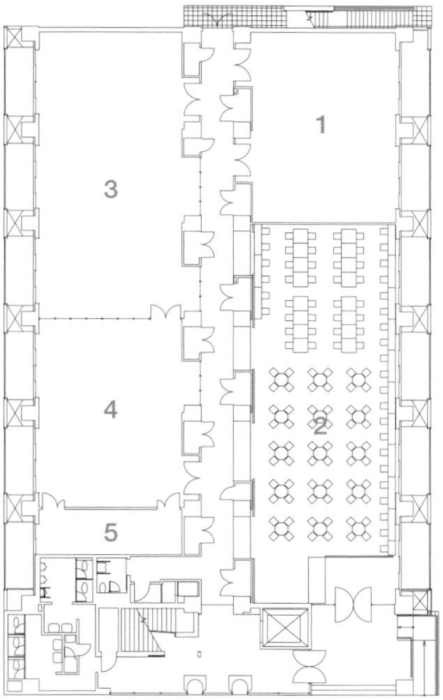

PLAN (1F)

1: 実験室
2: ラーニングコモンズ
3: 工作室
4: 工作室
5: 準備室

〈概要〉
工事種別：改修
基本計画・総合監修：市原出＋東京工芸大学建築意匠研究室
設計・監理：コムアソシエイツ／伊藤敦範、天野佑亮
施工：常濃建設
設計期間：2018年7月〜2018年10月
工事期間：2018年11月〜2019年3月
規模：地上7階
構造：RC造
建築面積：1,055.30m²
延床面積：6,671.07m²（改修範囲 1,860.87m²）

⑨ 12号館 S=1/500

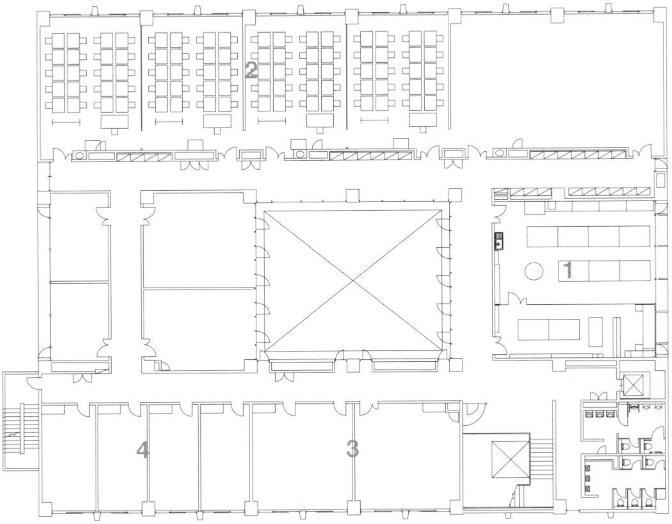

PLAN (3F)

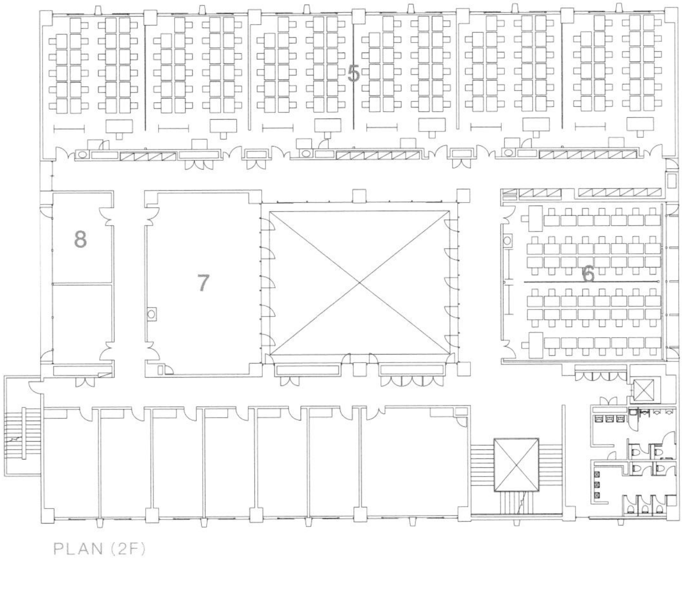

PLAN (2F)

1: 研究室
2: 製図室
3,4: 研究室
5,6: 製図室
7,8: 研究室

〈概要〉

工事種別：改修
基本計画・総合監修：市原出
設計・監理：コムアソシエイツ／伊藤敦範、天野佑亮
施工：常濃建設
設計期間：2018年10月～2019年1月
工事期間：2019年1月～2019年3月
規模：地上3階
構造：RC造
建築面積：1,272.09m^2
延床面積：3,763.23m^2（改修範囲640.58m^2＋502.76m^2）

⑩ 7号館 S=1/500

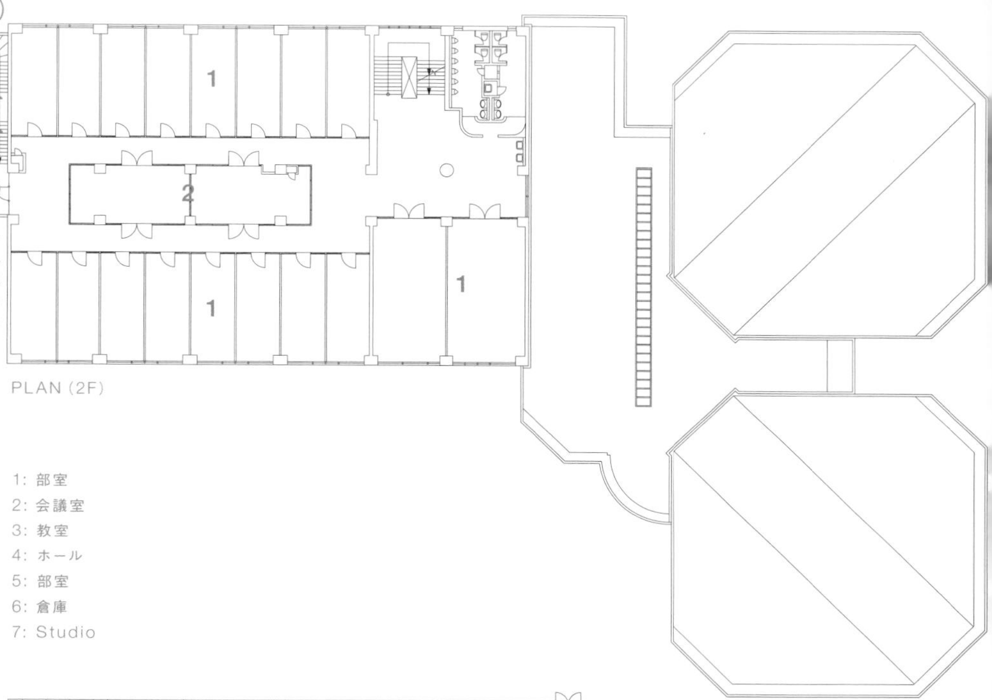

PLAN (2F)

1: 部室
2: 会議室
3: 教室
4: ホール
5: 部室
6: 倉庫
7: Studio

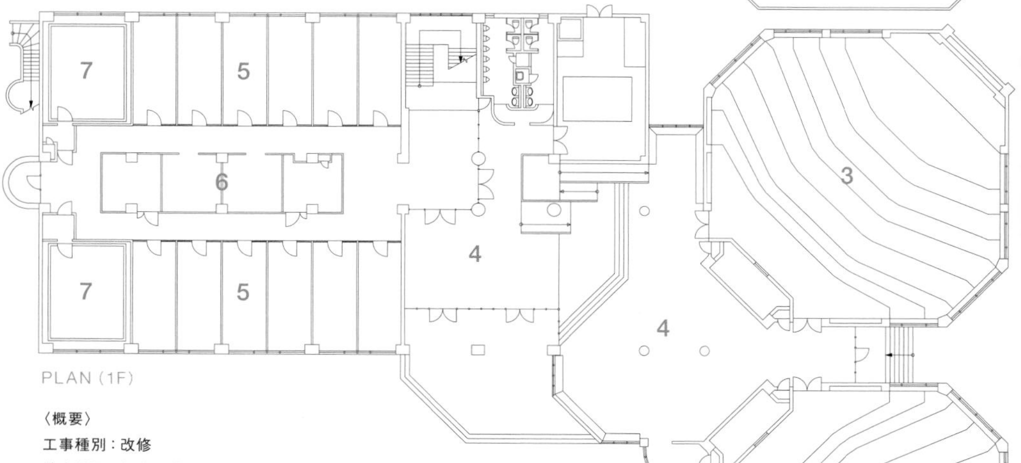

PLAN (1F)

〈概要〉
工事種別：改修
基本計画・総合監修：市原出
設計・監理：コムアソシエイツ／伊藤敦範、天野佑亮
施工：常濃建設
設計期間：2019年7月～2020年3月
工事期間：2019年12月～2020年10月
規模：地上3階
構造：RC造＋S造
建築面積：1,877.42m^2
延床面積：3,407.18m^2（改修範囲 2,600.83m^2）

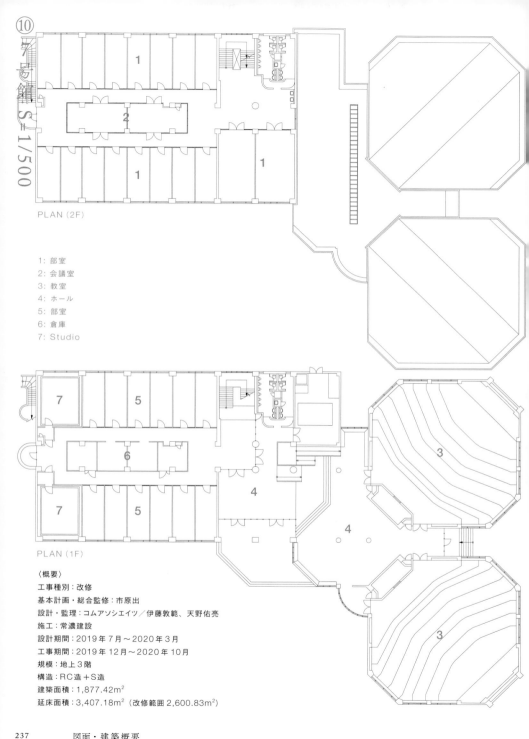

あとがき

世の中全体、床を持て余している。そして、コンクリートを使えば、地中に眠る二酸化炭素をわざわざ掘り起こして大気中に解放することになる。もちろん鉄も、建築用資材としての鉄になるまでには膨大なエネルギーを使う。新たな建築行為が必ずしも歓迎されない時代になった。それは、古くなれば取り壊し、新たな建物を建てるスクラップ・アンド・ビルドという考え方と行為をゆるやかに抑制する。そして、そのような社会はむしろいつもどおりの風景には向いている。

十の作品のうち最初の方の三つだけが新築で、その後、増築、減築、改修とつながる流れは、そうした人口、経済の規模縮減やエネルギーといった社会問題と無関係ではない。一九九二年に二〇五万人でピークを打った一八歳人口は減り続け、二〇〇九年には一二一万人になった。しばらく一二〇万人前後で推移したが、すでに再度減少に転じている。だから大学空間はより魅力的でなければならない。

いつもどおりの風景が魅力的であること。それが目的であったとあらためて気づかされる。モールをつくった時に四メートルものであったケヤキは大木になった。日本では時々立ち入り禁止になってしまう芝生はキャンパスにはふさわしくない。それを雑草に置き換える計画は結局理解を得られなかった。しかし、こっそり種を撒いたニワゼキショウやネジバナは、春になれば今も小さな花を咲かせている。体育館のブリッジと大階段の鉄部は溶融亜鉛メッキであった。二〇年近い時間を経てそれを赤に塗ったら、飯山の里山風景を楽しむようにつくった体育館が、逆に飯山の田園風景の側からの見え方を変えた。赤が際立つことがことのほか心地良い。

企画を思い立ってから三年が過ぎた。ともに研究室の修了生である建築家・水間寿明氏と写真家・高橋菜生氏の力を得て、ターゲットの定まらない作業を継続してきた。二人とも十の作品が生まれ、そのことで変化してきた風景を体験した生き証人である。最後になって急に、かつ窮屈なスケジュールのなかで労を惜しまずご協力いただいた。また、山村健氏には、建築と写真を結びつける重要な文章を寄稿いただいた。そして、デザイナーの泉美菜子氏(PINHOLE)には、写真集とも作品集とも学術書ともつかない試みをかたちあるものにしていただいた。さらに、建築資料研究社の種橋恒夫氏、三塚里奈子氏には本書の出版にご理解をいただき、また編集作業の自由度を最大限許容しながら、全体の統括をしていただいた。これらの方々に、心から感謝申し上げる。

二〇二三年二月　　市原　出

見えるかたち

適応型再利用／大学空間／かたちと構成

市原 出

二〇二三年三月二五日 初版発行

著　者：市原 出
発行者：馬場栄一
発行所：株式会社 建築資料研究社
〒一七一‐〇〇一四 東京都豊島区池袋
二‐三八‐一 日建学院ビル3F
TEL:03-3986-3239 https://www.kskpub.com/

写　真：髙橋菜生
寄　稿：水間寿明、山村 健
デザイン：泉 美菜子（PINHOLE）
校　正：植本絵美

印刷所：シナノ印刷株式会社

ISBN978-4-86358-871-4